Kabala
Základní principy

Rav Michael Laitman

Přeložil Karel Goldmann

Vydala Grada Publishing, a. s.
U Průhonu 22, Praha 7
jako svou 4156. publikaci

Odpovědná redaktorka Zuzana Sítařová
Sazba Filip Říha
Návrh a grafická úprava obálky Vojtěch Kočí
Počet stran 128
První vydání, Praha 2010

Original edition © 2006 by Michael Laitman
All rights reserved.
Published by Laitman Kabbalah Publishers.

Czech edition © Grada Publishing, a. s., 2010
Cover photo © allphoto.cz

Vytiskly Tiskárny Havlíčkův Brod, a. s.

ISBN 978-80-247-3435-4

OBSAH

STROM ŽIVOTA — 6
AUTOROVA POZNÁMKA — 8
ÚVOD — 9
1. JAK CHÁPAT KABALU — 13
2. PROČ KABALA VZNIKLA? — 19
3. CO KABALA NABÍZÍ? — 23
4. JE SVĚT DOKONALÝ? — 29
5. MÁME SVOBODNOU VŮLI? — 35
6. CO JE PODSTATOU A CÍLEM KABALY? — 43
7. Z DOSLOVU K ZOHARU — 49
8. JAKÝ JAZYK JE KABALISTICKÝ? — 57
9. Z PŘEDMLUVY K ZOHARU — 63
10. Z ÚVODU K ZOHARU — 71
11. Z ÚVODU KE STUDIU DESETI SEFIROT — 93
12. PODMÍNKY K DOSAŽENÍ KABALISTICKÝCH TAJEMSTVÍ A MOUDROSTI — 99
13. KLÍČOVÉ POJMY — 103
14. NEJČASTĚJI KLADENÉ OTÁZKY — 111
O BNEJ BARUCH — 117
JAK KONTAKTOVAT BNEJ BARUCH — 118

STROM ŽIVOTA

Vizte, že před výtryskem emanací, před stvořením všech bytostí,
veškeřenstvo vyplněno bylo jasným světlem, samou vyšší
přirozeností.
A to světlo, nemajíc hranic, zaplňovalo prostor dokonale,
bez dutin, proluk či prázdných míst.
Nenašli byste u toho světla hlavy či ocasu, ježto bylo nepřerušené,
jednolité, nezměněné a stejnoměrné.
Zoveme jej Nekonečným světlem.

Jak zrodila se v Jeho všeobjímající mysli touha
stvořiti svět a dáti vzejít emanacím,
na odiv postavit dokonalost svých skutků, ba i jmen,
tak příčina ku stvoření světů zavdána byla,
a ráčil zhustit sebe sama v přesném středu,
omeziv rozprostraněnost světla,
jež sálalo nyní daleko do všech stran od středobodu,
obklopeném však prázdným prostorem, nicotou.
Prostor pak, jsa vymezen jednolitě kol prázdného bodu,
obklopil jej stejnoměrně, do všech stran.

Z onoho vymezení, příčiny to oddělení prostoru a nicoty,
v přesném středu všeobjímajícího světla
povstalo místo
v němž vytrysknuvší a stvořené setrvati mohlo.
Z nekonečného světla pak splynul jediný paprsek,
zanořivši se do onoho prostoru,
a oním paprskem dalť On vziknouti všem světům.
Tak je stvořil, tak jim dal vzejít, tak jim vtisknul podobu.
Těm čtyřem světům, jejich existenci,
předcházela jediná, nekončicí, skvělá svornost.
Ba ani z úhlů Jemu nejbližších
není v Nekonečnu žádné síly, žádného uchopení,
a žádná mysl nedokáže Jej obejmouti,
neb Jej nesvazuje místo, jméno ani hranice.

Ari,
velký kabalista 16. století

AUTOROVA POZNÁMKA

Ačkoliv se může zdát, že tato kniha je jen velmi obecným úvodem, nemá být knihou, která přináší základní znalosti kabaly. Mnohem spíše je knihou, která pomáhá čtenáři zlepšit jeho *přiblížení se k tématům* kabaly, k duchovním předmětům a duchovním termínům. Opakovanou četbou této knihy si vypracujete vnitřní pozorování, smysly a vnímání, které jste dosud neměli. Mezi tato vnitřní pozorování patří „dojem", že kolem nás je rozměr, který je našim běžným smyslům skrytý. Tato kniha má být navíc pomůckou při meditaci o duchovních věcech. Jakmile se totiž blíže sžijeme s těmito věcmi, náš vnitřní zrak začne být schopen odhalovat duchovní světy kolem nás a my uvidíme svět skoro tak, jakoby se rozplynula mlha. Tato kniha není zaměřena na studium akademických faktů. Je však knihou pro začátečníky, kteří touží, aby se jejich nejhlubší a nejsubtilnější smysly, které mají, konečně probudily.

Michael Laitman

ÚVOD

Otevři mi své srdce a já ti dám svět.
Zohar

- Kdo jsem?
- Proč existuji?
- Odkud jsme přišli? Kam směřujeme? A proč tu jsme?
- Žili jsme již někdy před tímto životem?
- Proč v tomto světě existuje utrpení a není možné se mu vyhnout?
- Jak můžeme dosáhnout míru, naplnění a štěstí?

Z generace na generaci si lidé předávají trpkou zkušenost, která pramení z kladení těchto bytostně sžíravých otázek. Skutečnost, že si tyto otázky nepřetržitě klademe po staletí, svědčí o tom, že na ně dosud nebyla dána uspokojivá odpověď.

Ponoříme-li se do studia přírody a vesmíru, odhalíme, že vše, co je kolem nás, existuje a funguje podle přesně daných zákonů. Když pak obrátíme pozornost k sobě, ke koruně stvoření, objevíme, že lidskost podivně vybočuje z těchto zákonitostí.

Když se například podíváme na lidské tělo a uvědomíme si, jak dokonale a účelně bylo vytvořeno, nejsme schopni odpovědět na otázku: „Proč vlastně tento organismus existuje?"

Svět kolem nás je ovládán zákonem příčiny a důsledku. Nic není stvořeno bez příčiny či smyslu. Hmotný svět je ovládán neústupným zákonem pohybu, přeměny a transformace. Přesto hlavní otázka – „Proč to vše existuje (nejen tedy my, ale celý vesmír)?" – zůstává nezodpovězena. Existuje v tomto světě někdo, koho by se tato otázka alespoň jednou nezmocnila?

Současné vědecké teorie předpokládají, že svět je ovládán neměnnými zákony fyziky, které ani nejsme schopni ovlivnit. Náš jediný úkol pak je moudrým nakládáním s těmito zákony žít dobrým životem a připravovat tak půdu pro budoucí generace. Ale dobrý život není odpovědí na otázku, proč by měly budoucí generace vůbec žít.

Tázání se po původu člověka – ať už vznikl evolucí z primitivních zvířat, nebo díky výsadku mimozemské lodi – nemění naši kardinální otázku. Ostatně v lidském životě jsou dvě nejdůležitější data: narození a smrt. Vše, co se mezi nimi odehraje, může být jedinečné, a proto neocenitelné. Také to ovšem může být naprosto bezvýznamné. To platí obzvláště tehdy, je-li na konci života jen temnota a chaos.

Kde je naše moudrá, všudypřítomná a jednotná podstata, která nedělá nic bezdůvodně? Každý atom, každá buňka v lidském těle má svou příčinu a účel. Co je ale účelem existence celého organismu? Možná existují nějaké zákony a cíle, které jsme ještě neodhalili.

Můžeme prozkoumat všechno, co je na nižším evolučním stupni, než jsme my. Rozeznáváme a chápeme význam neživé a živé přírody. Ale nechápeme význam lidské existence. Je evidentní, že porozumění této otázce je možné dosáhnout jen na vyšším evolučním stupni.

Naše snahy o prozkoumání světa se omezují na studium toho, jak věci reagují a jak je ovlivňujeme. Jsme schopni probádat věci jen do úrovně našeho stupně, nikoliv ty, které jsou nad ním. A dokonce i když zkoumáme věci nám rovné, snažíme se jen změřit jejich vliv na svět kolem nás. Své okolí vnímáme pěti smysly: zrakem, čichem, chutí, hmatem a sluchem. Schopnosti svých smyslů rozšiřujeme pomocí měřících přístrojů.

Bohužel však nejsme schopni rozpoznat nic, co nejsou naše smysly schopny zachytit. To často vede k domněnce, že neexistuje nic, co nejsme schopni vnímat. Vše, co existuje, existuje jen potud, pokud je to *hmatatelné*. Je přitom zřejmé, že bytost s jinými smysly by nejspíš vnímala totéž co my, ale úplně jiným způsobem.

Zároveň ale nepociťujeme nedostatek smyslů, jako bychom například nepotřebovali šestý prst na ruce. Ale stejně jako je nemožné člověku, který je slepý od narození, vysvětlit potřebu zraku, tak také budeme selhávat ve snaze objevit skrytou podobu přírody, budeme-li používat výzkumné metody současnosti.

Podle kabaly existují duchovní světy, které jsou našim smyslům nepřístupné. V jejich středu je jedna malinkatá částečka – náš vesmír a naše planeta, která je srdcem tohoto universa. Tato oblast myšlení, vnímání a prožívání nás ovlivňuje skrze zákony hmotné přírody. Také nás manipuluje do nálad a úvah, podle kterých pak jednáme.

Nejsme schopni si zvolit kde, kdy, komu a také s jakými předpoklady a negativy se narodíme. Nejsme schopni ani rozhodnout, s kým se v životě potkáme a v jakém prostředí vyrosteme. Tyto záležitosti však výrazně ovlivňují naše činy a reakce a všechny ostatní záležitosti našeho bytí. Existuje tedy vůbec svobodná vůle?

Podle kabaly je možné dosáhnout čtyř různých vědomostí:
Stvoření: studium stvoření a evoluce světů – jmenovitě:
- způsob, jakým Stvořitel utvořil světy s jejich bytostmi, které je zaplnily podle daných pravidel;
- zákony interakce mezi světy včetně důsledků těchto interakcí;
- cílem stvoření člověka bylo vytvořit kombinací duše a těla systém, v němž panuje iluze svobodné vůle, a jeho řízení pomocí přírody a domnělého principu náhody založeném na vyváženém poměru sil dobra a zla.

Působení: studium lidské podstaty a jejího propojení a vztahu s duchovním světem. Působení se zabývá studiem našeho příchodu a odchodu z tohoto světa. Zahrnuje Vyšší světy a jejich působení na náš svět a na každého člověka. Bádání, které se zaměřuje na cestu jednoho každého člověka, začíná stvořením světů a končí dosažením konečného cíle.

Inkarnace duše: studium podstaty každé duše a jejích inkarnací a také našich činů a jejich následků v životech budoucích. Bádání v této oblasti přináší odpovědi na otázky, jak a proč duše sestupuje do těla a co je důvodem přijetí duše tělem.

Inkarnace duše se také zabývá tajemstvím (zdánlivé) nahodilosti a zkoumá lidskou historii jako výsledek jistých pořádků a cyklů duší. Tímto způsobem posledních 6 000 let probádává spojení duše s obecnými pravidly, kterými se řídí světy, a s cykly jejich rození a umírání. Uvádí též, na čem všem naše cesta tímto světem závisí.

Řízení: studium našeho světa: neživé, vegetativní a živočišné úrovně přírody, a jeho podstaty a jakým způsobem jsou duchovním světem ovládány. Zkoumá Vyšší vlivy a naše vnímání přírody, času a prostoru. Bádá nad Vyššími silami, které jsou hybateli hmotných těl, a hledá způsob, jakým vnitřní síla člověka ovlivňuje veškerenstvo, ať už živé nebo neživé, směrem k předem danému cíli.

Je možné, aby člověk mohl tento složitý hlavolam svého života vyřešit, aniž by se byl dostal k otázce původce všeho? Každá lidská bytost se musí s touto otázkou poprat sama. Hledání cíle a smyslu existence je pro duchovní život lidstva klíčovou otázkou. Obzvláště když jsme od druhé poloviny 20. století svědky ožívající touhy po duchovním růstu. Technický rozvoj a světové katastrofy, díky kterým vzniklo velké množství různých filosofických směrů, nepřinesly lidstvu žádný duchovní prospěch. Jak kabala vysvětluje, náš svět neobdržel ze všech možných radostí nic víc, než nepatrnou jiskru. Právě díky její přítomnosti v hmotných předmětech můžeme zažívat vůbec nějaké potěšení.

Jinými slovy jsou všechny naše radostné vjemy, ať už pocházejí z čehokoliv, způsobeny jen a pouze díky přítomnosti těchto jisker v předmětech. V průběhu našich životů jsme nuceni hledat nové zdroje rozkoše, přičemž doufáme, že naše potěšení bude mnohem větší. Neuvědomujeme si však, že tyto věci nejsou ničím víc, než slupkami.

Abychom dosáhli úplného naplnění, musíme si uvědomit, že je nutné se povznést nad hmotnou úroveň. V tomto světě toho můžeme dosáhnout dvěma způsoby: (1) cestou duchovního povznášení se (kabalou) a (2) cestou utrpení.

Kabalistická cesta je cestou svobodného a dobrovolného překonávání egoismu. Během této cesty se používá Vyšší Světlo k potření egoismu coby zlého principu.

Někteří lidé se touto cestou vydávají zcela nečekaně. Nenáboženská, dobře zajištěná a vyrovnaná osoba najednou začne cítit silný neklid. Z jejího života se zničehonic vytratí jakákoliv jiskra radosti, vzrušení, životního uspokojení a potěšení.

V této situaci se nachází naše generace, v níž hmotný nadbytek vyvolává duchovní hlad. Pátráme po jiných zdrojích uspokojení, přičemž často kráčíme po dlouhé a obtížné cestě. Svobodná vůle existuje ve volbě mezi cestou duchovního růstu a cestou utrpení. Můžeme si jen přát, aby si lidé „zvolili život", namísto aby kráčeli trnitou stezkou utrpení, kterou jsme již tolikrát kráčeli v minulosti.

1.

JAK CHÁPAT KABALU

Kabala učí o tom, jak jsou principem příčiny a následku spojeny duchovní světy, které směřují podle nezvratných zákonitostí k jednomu velikému cíli, jímž je poznání Stvořitele stvořenými bytostmi.

Podle kabaly celé lidstvo a každý jednotlivec musí dojít k tomuto konečnému cíli, aby tak zcela naplnil význam stvoření. Po mnoho generací jednotlivci dosáhli díky své práci jisté duchovní úrovně. Tito lidé, nazývaní „kabalisté", vyšplhali na vrchol duchovního žebříku.

Každý hmotný předmět – ať malý nebo velký – se všemi svými činy je ovládán duchovními silami, které naplňují náš vesmír. Náš vesmír jakoby ležel v husté síti nejrůznějších sil.

Vezměme si za příklad nejmenší živoucí organismus, jehož úlohou je jen reprodukce a zajištění přežití svého druhu. Uvažme kolik sil a jak složité systémy se v něm projevují a jak mnoho z nich je stále lidskému oku nepoznatelných. Když je vynásobíme počtem organismů, které v současnosti existují a množstvím organismů, které v našem světě a vesmíru kdy existovaly nebo které existují v duchovní sféře, získáme jen velmi nepřesnou představu o množství sil, které je ovlivňují.

Duchovní síly si můžeme znázornit jako dva vzájemně propojené a vyrovnané systémy. Rozdíl mezi nimi je prostý: jeden vychází od Stvořitele a směřuje shora dolů skrze všechny světy až do naší úrovně. Druhý vychází z našeho světa a směřuje nahoru podle stejných zákonitostí, které panují v prvním systému, jenže teď působí v systému druhém.

Kabala první systém nazývá „Pořádek stvoření světů a sefirot". Druhý systém pak nazývá „Dosažení či úrovně proroctví a ducha". Druhý systém nás učí, že lidé, kteří chtějí dosáhnout nejvyššího stupně, mají jednat podle zákonů prvního systému, čili podle zákonů, které učí kabala. Pokud člověk vystoupí po těchto stupních, zrodí se uvnitř druhý faktor a tomu se říká spiritualita.

Hmotný svět je plný sil a fenoménů, které nevnímáme přímo. To je například elektřina nebo magnetismus. Nicméně i malé dítě zná jména a působení těchto jevů. I když například nevíme vše o elektřině, naučili jsme se, jak ji využít pro naše dobro a definovat ji tak přirozeně, jako bychom hovořili o chlebu nebo cukru.

Podobně je tomu s kabalou, kdy se nám zdá, že díky ní získáváme skutečnou a objektivní představu o duchovních věcech. Přesto ale ve skutečnosti nemáme ani potuchy o těchto duchovních věcech, nebo dokonce o Stvořiteli samém. Tedy: jsme naprosto nevědomí v poznání těchto věcí, dokonce i těch, které můžeme uchopit svýma rukama. To je způsobeno tím, že nevnímáme předmět samotný, ale pouze naše reakce na předmět a jeho působení na naše smysly. Tyto reakce nám dávají zdání poznání, přestože však podstata předmětu zůstává naprosto nepoznána. A co víc! Nejsme schopni porozumět ani sobě samým. Vše, co o sobě víme, je omezeno pouze na naše akce a reakce.

Věda ve svém poznávání světa dělí svou metodologii na dvě části: (1) poznání vlastností látky a (2) studium forem látky. Jinými slovy není v našem vesmíru nic, co by se neskládalo z látky a formy. Například stůl je kombinací látky a formy, kde látka (např. dřevo), je nositelem formy – tedy tvaru stolu. Nebo si vezměme slovo „lhář", kde látka (něčí tělo) nese formu – faleš.

Věda, která studuje látky, je založena na testech – experimentech, které vedou k vědeckým závěrům. Avšak věda, která studuje formu bez ohledu na látku a abstrahuje je od sebe, nemůže být založena na experimentu. To o to víc platí u forem, které nemohou být spojeny s látkou, protože forma bez látky v našem světě existovat nemůže.

Formu od látky můžeme oddělit pouze pomocí naší představivosti. Proto budou všechny závěry v takovém případě čistě teoretické. Všechny filosofie se odvolávají na tuto vědu a lidstvo často trpělo kvůli neopodstatněným závěrům filosofů. Většina moderních vědců takovéto bádání odmítla, protože podle nich nejsou tyto závěry spolehlivé.

Když uvažujeme o duchovních světech, zjišťujeme, že naše vnímání jsou dána pouze vůlí Shora, která chce, abychom se cítili jako samostatné a oddělené bytosti a nikoliv jako součást Stvořitele. Svět, jenž nás obklopuje, je výsledkem vlivu duchovních sil na nás. Z toho důvodu je svět kolem nás pouhou iluzí.

Vysvětlím to alegorií:

„Jednou kdysi dávno žil jeden kočí. Měl párek koní, dům a rodinu. Najednou ho však potkalo neštěstí: koně mu chcípli, umřela mu žena i děti. Jeho dům se zhroutil. Po čase kočí zemřel žalem. Ocitl se před nebeským soudním tribunálem, kde se diskutovalo o tom, co by se mohlo takto soužené duši dát. Nakonec bylo rozhodnuto, aby se *cítil*, jakoby stále žil se svou rodinou ve svém domě a svými koňmi, a aby se těšil ze svého života a práce."

Tyto pocity jsou stejné, jako když máme dojem, že sen, který se nám zdál, byl skutečný. Však také to jsou pouze naše pocity, které vytváří obraz okolního světa. Jak bychom tedy vůbec mohli odlišit skutečnost od iluze?

Kabala je stejně jako věda rozdělena na studium látek a forem. Oproti vědě má ale velkou výhodu: Dokonce i ta část kabaly, která studuje formu abstrahovanou od hmoty je založena na experimentální kontrole, protože je subjektem empirického testování!

Jakmile se kabalista pozvedne na duchovní úroveň studovaného předmětu, získá kvality tohoto předmětu, a proto dosahuje naprostého poznání. Taková osoba prakticky může operovat s různými formami látky ještě dříve, než se tyto formy projeví ve hmotě. Je to jakoby zpovzdálí sledoval naše iluze!

Stejně jako každá jiná nauka i kabala používá určitou terminologii a symboly, aby artikulovala působení zkoumaných předmětů: duchovní síla, svět, či *sefira* je označována jmény předmětů, které ovlivňuje.

Protože každý hmotný předmět nebo síla odpovídá svému duchovnímu vzoru, který jej ovládá, dosahujeme tak dokonalého souladu mezi označením hmotného světa a jeho duchovního zdroje.

Proto pouze kabalista, který přesně zná vztahy mezi duchovními silami a hmotnými předměty, může duchovním předmětům přiřazovat jména. Pouze ten, kdo dosáhl duchovního stupně předmětu, může vnímat souslednost jeho vlivu na náš svět.

Kabalisté psali knihy a předávali svou znalost jiným za použití „jazyka větví". Tento jazyk je neobyčejně přesný, protože vychází ze spojení mezi duchovními kořeny a hmotnou větví. Není možné ho nahradit, protože spojení mezi duchovním kořenem a hmotným předmětem se také nemění. Zároveň s tím ale platí, že náš hmotný jazyk ztrácí svou přesnost, protože vyrůstá pouze z větve, ale není spojen s kořeny.

Avšak pouze znalost slovní zásoby jazyka je nedostatečná, protože znalost jména předmětu nedává znalost o předmětu samotném, ani jeho duchovní podobě. Pouze znalost duchovní podoby umožňuje vidět její hmotný výsledek – její větev. Proto můžeme učinit závěr, že člověk by se měl nejprve napojit na své kořeny, podstatu a vlastnosti. Pouze pak může dát své větvi v tomto světě jméno a studovat své spojení mezi duchovním kořenem a hmotnou větví. Pouze tehdy může pochopit „jazyk větví", který umožňuje přesnou výměnu duchovních informací.

Můžeme se však zeptat: „Pokud se má člověk nejprve spojit se svými kořeny, jak může začátečník pochopit tuto vědu bez vedení učitele?" Odpovědí je, že díky svému zápalu pro duchovno adept najde správnou cestu a dosáhne Vyššího světa. Toho však může být dosaženo pouze studiem původních zdrojů a odpoutáním se od hmotného světa a jeho rituálů.

2.

PROČ KABALA VZNIKLA?

Kabalisté předpokládají, že důvodem pro stvoření byl záměr přinést radost a potěšení stvořeným bytostem. Touha po potěšení (nádoba či duše) je uspokojována podle intenzity své touhy.

To je důvod, proč vše, co bylo ve všech světech stvořeno, závisí jen na proměnlivé touze po uspokojení, kterou naplňuje Stvořitel. Tato vůle přijímat potěšení je substancí stvoření, ať již hmotného či duchovního, včetně těch, která již existují nebo budou existovat v budoucnu.

Látka ve svých rozdílných projevech (minerály, rostliny, lidské bytosti, barvy, zvuky, atd.) je jednoduše rozdílnými projevy touhy přijímat potěšení. Světlo vyzařované Stvořitelem oživuje a naplňuje všechno materiální. Původně byly touha těšit se – kterou nazýváme „nádobou", – i touha těšit – kterou nazýváme „Světlem", – naprosto vyvážené. Tedy nádoba (touha těšit se) byla zcela naplněna.

Jak se ale touha zmenšovala, tak jak nádoba, tak Světlo, které ji naplňovalo, se smršťovaly a vzdalovaly od Stvořitele, až dosáhly nejnižší úrovně, kde se touha po uspokojení zhmotnila.

Jediný rozdíl mezi Vyšším světem a naším je pouze v tom, že v našem světě nádoba vůle přijímat potěšení existuje na nejnižší úrovni, kterou nazýváme „hmotné tělo".

Před svým úplným zhmotněním nádoba prošla čtyřmi stadii rozloženými mezi deset *sefirot* (úrovní): *Keter, Chochma, Bina, Chesed, Gevura, Tiferet, Necach, Hod, Jesod* a *Malchut*. Tyto *sefirot* představují filtry tlumící Světlo, které Stvořitel vysílá do stvořených bytostí. Úkol těchto filtrů je oslabit Světlo do takové míry, aby jej stvořené bytosti byly schopny přijmout v tomto světě.

Sefira Keter je též nazývána „svět *Adama Kadmona*"; *sefira Chochma* je nazývána „svět *Acilut*"; *sefira Bina* – „svět *Berija*"; *sefiry Chesed* až *Jesod* – „svět *Jecira*"; a *sefira Malchut* – „svět *Asija*". Poslední stupeň světa, *Asija*, představuje náš svět (viz obr. 1).

Kabala tuto úroveň nazývá „*Olam ha-ze*" (tento svět). Je vnímán těmi, kdo ho obývají. Nádoba či touha po uspokojení je zde nazývána „tělo". Světlo nazývané „potěšení" je vnímáno jako životní síla.

Ačkoliv Světlo, které naplňuje tělo, je redukováno tak, že nevnímáme jeho zdroj, dodržováním jistých Stvořitelem daných pravidel popsaných v kabale se očišťujeme od egoismu a stoupáme všemi světy ke Zdroji.

Jak dosahujeme vyšších duchovních úrovní, získáváme více Světla. To pokračuje, až dosáhneme stupně, kde dokážeme přijmout všechno Světlo (úplné, nekonečné osvícení), které nám bylo vyměřeno na počátku stvoření. Každá duše je obklopena duchovním Světlem. Ačkoliv začátečníci v kabale možná zcela nerozumí tomu, co studují z původních textů, jejich velká touha po pochopení látky probouzí Vyšší síly, které je obklopují, čímž je tyto Vyšší síly očišťují a pozvedají výš. Pokud ne v tomto životě, tak v tom příštím každá osoba pocítí potřebu zabývat se studiem kabaly a poznat svého Stvořitele.

Světlo obklopuje lidskou duši zvenčí až do doby, kdy člověk dosáhne duchovní úrovně, na níž jí začne Světlo prostupovat. Přijímání Světla záleží jen a pouze na adeptově touze a připravenosti a na tom, jak usilovně očišťuje svou duši.

Avšak už během svého studia adept vyslovuje jména *sefirot*, světů a duchovních činů spojených s jeho duší. Tím tedy přijímá malé dávky Světla zvenčí. Toto světlo ho pak očišťuje a připravuje na přijetí duchovní energie a osvícení.

Keter — Adam Kadmon
Chochma — Acilut
Bina — Berija
Chesed
Gevura
Tiferet
Necach — Jecira
Hod
Jesod
Vyšší Malchut — Asija
......
Nižší Malchut — Náš svět

Obr. 1

3.

CO KABALA NABÍZÍ?

Velký rabín Akiva (1. st. n. l.) řekl: „Milovat bližního svého jako sebe samého je pravidlem, které zahrnuje všechny ostatní duchovní zákony." Jak víme, termín „zahrnuje" odkazuje na soubor všech složek, kterými je tvořen. Proto když rabi Akiva hovoří o lásce k bližnímu (o jednom z mnoha duchovních zákonů), o našich povinnostech vůči společnosti a dokonce ke Stvořiteli jako o všezahrnujícím zákonu, říká vlastně, že všechny ostatní zákony jsou odvozeny z tohoto pravidla.

Avšak pokud se pokusíme nalézt vysvětlení, narážíme na mnohem nezvyklejší výrok jiného učence – Hilela. Když byl jedním ze svých žáků požádán, aby ho naučil celou moudrost kabaly, zatímco bude stát na jedné noze, Hilel mu odpověděl: „Cokoliv nechceš, aby druzí dělali tobě, nedělej ty jim."

Hilelova odpověď nás učí, že jediným důvodem, proč kabala existuje, je, aby osvětlila a naplnila jediný zákon: „Milovat bližního svého jako sebe samého." Jak ale můžeme milovat druhé jako sebe samé? Milovat druhé jako sebe samé by znamenalo neustále naplňovat všechny touhy ostatních lidí, avšak nenaplňovat své tužby! Učenci nám však vysvětlují, že máme naplňovat tužby druhých *před* našimi vlastními touhami.

Například je psáno (*Tosafot, masechet Kidušin*), že pokud máme pouze jeden polštářek, máme ho nabídnout našemu příteli. Nebo pokud máme jen jedno křeslo, měli bychom ho nabídnout našemu příteli a sami si máme sednout na zem nebo stát. Pokud bychom tak neučinili, nenaplňujeme příkaz milovat svého bližního. Je to ale uskutečnitelné? Protože je „milovat bližního svého jako sebe samého" základním zákonem kabaly, musíme nejprve zjistit, co to kabala vlastně je.

Kabala učí, že svět a my, jeho obyvatelé, jsme byli stvořeni pouze proto, abychom naplňovali zákony, které jsou zaměřeny na lidský duchovní rozvoj nad náš hmotný svět. Tímto způsobem můžeme dosáhnout nápodoby a sjednocení se Stvořitelem.

Avšak proč nás Stvořitel měl zapotřebí utvořit nedokonalé a dát nám kabalu, abychom se napravili? Kniha *Zohar* na tuto otázku odpovídá takto: „Kdo jí něčí chléb, stydí se podívat do dárcových očí."

Svět byl tedy stvořen proto, aby nás uchránil před touto hanbou. Tím, že přemáháme a napravujeme vlastní egoismus, získáváme svůj podíl v budoucím světě.

Abychom si to vysvětlili, představme si tuto situaci: boháč potká svého chudého přítele, kterého dlouho neviděl. Uvede ho do svého domu, dá mu napít, nakrmí ho, obleče a tak to pokračuje den za dnem. Jednou pak se boháč, aby svého přítele ještě více potěšil, zeptá, co víc by pro něj mohl udělat. Chuďas mu na to odpověděl: „Přeji si jedinou věc: abych toto všechno, co pro mě děláš ze své milosti, mohl získat jako odměnu za svou práci. Všechny mé potřeby jsi schopen naplnit, avšak tuto nikoliv!"
Vidíme, že dárce není schopen překonat stud obdarovávaného. Čím více toho chudák dostává, tím více se stydí. Vesmír, naše malá planeta a lidská společnost (naše pracoviště) – to vše bylo stvořeno, abychom byli této hanby ušetřeni. Naším údělem je navrátit se ke Stvořiteli s napravenými tužbami, abychom mohli obdržet odpovídající odměnu, věčnou rozkoš, dokonalost a splynutí se Stvořitelem.

Proč se však cítíme zahanbeni, když od někoho něco dostaneme? Vědci znají zákon příčiny a následku. Ten tvrdí, že každý následek je ve své povaze podobný své příčině a že zákony působící v příčině se projevují i v důsledku této příčiny.

Důsledek tohoto zákona vidíme všude v přírodě: neživé, vegetativní, živé a v člověku. Podoba minerálu je dána zákonitostmi, které jej ovlivňují. Preferujeme to, čemu jsme si navykli během našeho vývinu. Stejným způsobem je každá část celku přitahována ke svému původci a všechno, co není účastno v kořeni, je ve svém důsledku nenáviděno.

Podobně, protože Stvořitel přírody je Kořenem a Zdrojem všeho, co bylo stvořeno, vnímáme všechny zákonitosti, které z něj vyvěrají, jako příjemné a všechny, které z něj nevyvěrají, jako cizí a nepřátelské. Například máme rádi odpočinek a nemáme rádi pohyb tak moc, že se hýbeme jen proto, abychom mohli spočinout. To je dáno tím, že Stvořitel (Kořen), ze kterého pocházíme, je naprosto nehybný. Tedy že každý pohyb je proti naší vlastní povaze.

Narodili jsme se a vyrostli jsme jako naprostí egoisté pečující jen o sebe. Být egoistou nás staví proti našemu Stvořiteli, který oživuje celou přírodu. Přesto však čím více nás ovlivňuje společnost, tím více chápeme potřebu vzájemné pomoci, přestože její míra a směřování závisí na společenském rozvoji.

Stvořením našeho zlého pudu a darováním kabaly jako jeho protipólu, nám Stvořitel umožnil odstranění egoismu a dosažení blaženosti bez pocitu studu.

V kabale jsou dva druhy zákonů – jedny směřují k druhým lidem a druhé směřují ke Stvořiteli. Nicméně oba druhy nás utvářejí k obrazu Stvořitele. Je zcela nepodstatné, zda jednáme ve prospěch Stvořitele nebo ve prospěch druhých. Je to dáno tím, že vše, co překračuje hranice našeho soukromého zájmu, zůstává zcela nevnímatelné.

Každý pohyb, který vykonáme ve prospěch druhého je nakonec vykonán pro náš vlastní prospěch. Je zhola nemožné vykonat fyzickou nebo psychickou námahu bez toho, abychom ani na chvíli nezauvažovali nad tím, co z toho budeme mít. Tento přírodní zákon je znám jako „vrcholný egoismus". Pouze dodržováním duchovních zákonů můžeme dosáhnout stavu nesobecké lásky k druhým. Ti, kteří nedodržují zákony kabaly, nejsou schopni překonat hranici „vrcholného egoismu".

Podle kabaly jsou zákony, podle kterých se řídí společnost, mnohem důležitější, než zákony, kterými se řídí náš vztah ke Stvořiteli. Je to dáno především tím, že pokud následujeme zákony určité společnosti, jsme schopni sebe sama napravit mnohem snáz a rychleji.

Díky tomu jsme teď schopni pochopit i Hilelovu odpověď jeho žáku: hlavní věcí je milovat bližního svého, zbývající zákony nejsou tak důležité – včetně zákonitostí ve vztahu ke Stvořiteli. Ve skutečnosti s Ním nedokážeme splynout dříve, než dosáhneme lásky k druhým. Proto učenci stanovili „lásku k bližnímu" jako nejbezpečnější a nejrychlejší cestu ke zvládnutí kabaly.

Představme si teď národ čítající miliony lidí, v němž jeden každý miluje a otevřeně pomáhá druhému v naplňování jeho potřeb. Žádný jedinec v takové společnosti by se zcela jistě nemusel obávat o sebe ani svou budoucnost. Miliony milujících lidí by se staraly o sebe navzájem ve vytrvalé snaze uspokojit si navzájem své potřeby.

Protože by však takový národ závisel na svých členech, porušení závazků by vytvořilo společenské vzduchoprázdno, v němž by mohl někdo zůstat bez podpory. Čím více by bylo takových narušitelů, tím více pravidel by bylo narušeno. Každý je zodpovědný za druhé, a to jak v dodržování, tak v porušování zákonů.

Jiný starověký učenec Elazar, syn Rašbiho (Rabi Šimona bar Jochaje, autora knihy *Zohar*), nás překvapí dokonce ještě více. Tvrdí totiž, že nejen každý národ, ale celé lidstvo, každá živoucí bytost, je zodpovědná jedna za druhou. Elazar tvrdí, že všechny národy budou muset dodržovat toto pravidlo, díky čemuž dojde k nápravě světa. Svět nemůže být zcela napraven a pozvednut, pokud každý nezačne žít podle jednoho všezahrnujícího pravidla.

4.

JE SVĚT DOKONALÝ?

Jak již víme, podstatou Stvořitelových zákonů je láska projevující se úplnou pozorností vůči potřebám druhých a soucítěním se všemi členy společnosti. Pojďme zjistit, zda přijímáme Stvořitelův zákon pouze pro něj samý, protože věříme, nebo jej přijímáme z nějakého praktického důvodu.

Chovám naději, že čtenáři této knihy pochopí mou nevůli k prázdnému filosofování, neboť na základě takových omezeností se budují chrámy falše, ze kterých vycházejí naprosto zcestné závěry. Naše generace mohla vidět mnoho takového prázdného filosofování, které se zhroutilo jak domeček z karet, když se teoretické předpoklady takovýchto řečí prokázaly jako nesmyslné. To však vedlo k utrpení mnoha milionů lidí.

Můžeme si přát naplnit Stvořitelův zákon studováním světa a jeho zákonitostí pomocí experimentálně získaných dat? Když pozorujeme přírodní řád, obvykle býváme zaskočeni dokonalostí vztahů jednotlivých mikro- i makroskopických složek. Představme si například stvoření nám nejbližší – lidské bytosti. Buňka, která předtím patřila otci a která se dostane na předem připravené místo v matce, získává vše potřebné pro svůj rozvoj až do doby, kdy má přijít na tento svět. Nic ji nemůže zranit, dokud nezačne svou existenci samostatného organismu.

Když se narodí, příroda probudí v rodičích nezbytné city, aby dítě získalo naprostou důvěru v jejich péči a lásku. Lidé, stejně jako zvířata a rostliny, se množí a posléze pečují o rozvoj svých potomků.

Přesto existuje velký protiklad mezi narozením dítěte a jeho pozdějším krutým bojem o přežití. Tento protiklad, jenž existuje na všech úrovních bytí a který uchvacoval lidskou mysl od nepaměti, je dán tím, jak je svět řízen. O jeho vysvětlení se starají mnohé teorie:

Evoluce: Tato teorie nepovažuje za důležité se vůbec výše zmíněným protikladem zabývat. Stvořitel stvořil svět a vládne všemu. Je necitlivý, neschopný myslet a tvoří bytosti podle fyzických zákonů. Stvořené druhy se vyvinuly v souladu s evoluční teorií, což je jen eufemismus pro krutý boj o přežití. Tato teorie nazývá Stvořitele „přírodou", čímž zdůrazňuje jeho necitlivost.

Dualismus: Protože moudrost přírody nesrovnale převyšuje lidské možnosti, je nemožné předvídat podobu budoucích organismů bez cestování časem. Dárce (příroda) je nadán intelektem, má paměť a cítí. Člověk proto nemůže tvrdit, že příroda je pouhou hříčkou náhody.

Tato teorie vedla k závěru, že existují dvě síly – jedna pozitivní a druhá negativní – a že obě tyto síly mají vlastní intelekt a pocity. Proto jsou tyto síly schopny obdařit svými vlastnostmi cokoliv, co vytvoří. Rozvoj této teorie vedl ke zrodu mnoha jiných světonázorů.

Polytheismus: Analýza přírodních jevů a rozdělení přírodních sil podle jejich přirozenosti vedlo ke zrodu náboženství (jako u starých Řeků), která stála na množství božstev, přičemž každé božstvo vládlo nějaké přírodní síle.

Bezvládí: S objevem lepších nástrojů a nových výzkumných metod se podařilo odhalit spojení mezi všemi částmi světa. Proto byla teorie o množství sil vyřazena a nahrazena představou o moudré, jednotné síle vedoucí svět. Avšak protože je člověk v porovnání s touto silou naprostou nickou, byl ponechán bez dozoru.

Bohužel lidstvo i nadále trpí a strádá, byť existuje množství teorií o stvoření světa. Rozpor mezi starostlivostí a jemností přírody vůči plodu v matčině lůně a necitlivostí a krutostí přírody v pozdějším životě tohoto plodu je zkrátka nepochopitelný, obzvláště, když si uvědomíme, že v dospělosti bychom pomoc přírody potřebovali mnohem víc. Nabízí se proto otázka, zda za krutostí přírody vůči světu nestojíme my.

Všechny přírodní jevy jsou vzájemně propojeny; proto narušení jednoho přírodního zákona vede k narušení rovnováhy celého systému. Nezáleží na tom, zda hovoříme o přírodě jako o bezcitném a nesmyslném pánovi nebo jako o moudrém Stvořiteli s plánem a cílem. Žijeme ve světě, kde platí jisté zákonitosti, jejichž narušení je trestáno znečištěným prostředím, zkaženou společností a nebo zkažeností našeho já. Mimo to porušení jednoho zákona vede – protože jsou navzájem propojeny – k tomu, že utrpíme nečekanou, tvrdou ránu odjinud.

Příroda či Stvořitel (což jsou dva termíny pro totéž) nás ovlivňuje skrze určité zákony, které máme považovat za objektivně dané, a tudíž závazné, pročež je nutné je následovat. Musíme porozumět přírodním zákonům a poznat je, protože jejich narušení je tvrdě trestáno a je zdrojem všeho našeho utrpení.

Je všeobecně známo, že člověk je tvor společenský. Nejsme schopni přežít bez pomoci ostatních ve společnosti. Proto každý, kdo se rozhodne izolovat od druhých, je odsouzen k utrpení, neboť se není schopen postarat o své potřeby.

Příroda nám ukládá žít s podobnými svého druhu a skrze vzájemnou komunikaci vykonávat dvě činnosti: uspokojovat své potřeby skrze společnost a uspokojovat potřeby společnosti. Narušením jednoho z těchto pravidel dochází k narušení rovnováhy společnosti, a proto následuje trest.

Pokud někdo přijímá víc, než je třeba (jako například v případě krádeže), společnost se už velmi rychle postará o potrestání. Pokud se ale člověk rozhodne nesloužit společnosti, trest obvykle nepřijde vůbec nebo není přímo spojen s přestupkem. Proto je obvykle povinnost poskytovat společnosti pomoc ignorována. Příroda přesto jedná jako nestranný soudce a trestá lidstvo podle jeho úrovně rozvoje.

Kabala tvrdí, že pořadí generací ve světě je pouhé objevování a mizení těl tvořených proteiny, zatímco duše, která tvoří „Já", mění svého nositele bez toho, aby kdy zmizela. Cirkulace stálého a omezeného počtu duší, jejich sestup do našeho světa a spojení s tělem tvoří nové generace lidí. Proto – s ohledem na duši – jsou všechny generace od první do poslední pouze generací jednou. Není důležité, kolikrát se která duše vtělí. Smrt těla nemá žádný vliv na duši, stejně jako nový účes nebo stříhání nehtů nemá vliv na životní sílu těla.

Stvořením světů a jejich darováním před nás Stvořitel položil úkol: dosáhnout Jeho úrovně a spojit se s ním zdoláním Světů, které postavil. Otázkou ale zůstává, zda lidstvo musí uposlechnout Jeho přání?

Kabala nám ukazuje úplný a tajný obraz Stvořitelovy moci nad námi. Proto dobrovolně, nebo pobídnuti utrpením v tomto nebo příštím životě, ovlivněni fyzickými, sociálními a ekonomickými vlivy každý jeden z nás a celé lidstvo přijme stvoření a jeho smysl, jako smysl svého života.

Na konci dosáhnou jediného cíle všichni. Jediný rozdíl je v tom, jakým způsobem. Člověk, který ochotně a vědomě postupuje vstříc cíli, získává dvakrát tolik: ušetří čas a namísto utrpení zažije blaženost spojení se Stvořitelem.

Vážnost situace dokresluje skutečnost, že si lidstvo ještě ani neuvědomuje, jaké pohromy ho čekají. Cíl byl stanoven a zákony Vesmíru se nemění. Každodenní osobní utrpení a opakující se globální pohromy nutí každého z nás uznat a dodržovat Stvořitelovy zákony – zbavit se egoismu a závisti a rozvíjet vzájemnou pomoc, lásku a milosrdenství.

5.

MÁME SVOBODNOU VŮLI?

Koncept svobody ovlivňuje celý náš život. Zvířata žijící v zajetí obvykle trpí nemocemi a nebo dokonce umírají – což je dozajista znamení, že příroda nesouhlasí s jakýmkoliv druhem podrobení. Není náhodou, že lidstvo se po staletí věnuje krvavým bojům a válkám za své osvobození. Ale i tak jsou naše představy o svobodě a nezávislosti značně nedokonalé. Předpokládáme, že každý má vnitřní potřebu svobody a nezávislosti a že uskutečnění tohoto puzení je záležitostí našeho chtění. Pokud však pečlivě prozkoumáme naše akce a reakce, odhalíme, že jednáme nuceně a rozhodně ne ze své svobodné vůle.

Takové tvrzení ale potřebuje vysvětlení: Navenek je lidská bytost vedena dvěma otěžemi. Jednou je radost a druhou je bolest (často se jim říká „štěstí" a „utrpení").

Zvířata nemají možnost volby. Lidé mají oproti zvířatům tu výhodu, že dají přednost tomu snášet po určitou dobu utrpení, pokud věří, že na konci takového procesu je čeká blaho. Proto nemocná osoba souhlasí s bolestivým zákrokem, neboť věří, že díky němu se uzdraví.

Přesto je taková volba pouhou rozumovou kalkulací, v níž se míra budoucího blaha porovnává s mírou současného utrpení. Rozdíl určuje, k čemu se rozhodneme. Pokud je míra dosaženého blaha menší než míra, jakou jsme očekávali, osoba trpí, místo aby se radovala.

Síla přitažlivosti rozkoše a odpudivosti bolesti je jedinou silou, která ovládá lidstvo, zvířata a dokonce i rostliny. Všechny bytosti na všech úrovních bytí jsou jí ovládány. V tomto smyslu mezi nimi není rozdílu, protože svobodná vůle nezávisí na inteligenci.

Navíc dokonce i volba *typu* rozkoše není dobrovolná a nezávisí tudíž na svobodné volbě. Naše chutě nám jsou diktovány společenskými normami a chutěmi, nikoliv tím, co chceme. Z toho vyplývá, že neexistuje nic jako nezávislé individuum, či svobodné jednání jednotlivce.

Lidé, kteří věří ve vyšší moc, očekávají, že za své činy dostanou odměnu nebo trest ve světě budoucím. Ateisté to očekávají už v tomto životě. Jelikož však očekávají trest nebo odměnu, domnívají se, že mají svobodnou vůli.

Kořen tohoto jevu tkví v zákonu akce a reakce, který ovlivňuje celou přírodu jako celek a každého jednotlivce zvlášť. Jinými slovy jsou všechny čtyři druhy stvoření – neživého, rostlinného, živočišného a lidského – neustále ovlivňovány zákonem kauzality a důvodnosti. Každá jejich situace je určena vnějšími příčinami tak, aby odpovídala předem určenému cíli, jenž je situací, kterou budou prožívat v budoucnu.

Každý předmět se v tomto světě neustále vyvíjí. Z toho plyne, že každý předmět neustále opouští předchozí formy a dožaduje se nových podle čtyř faktorů:
1. původ,
2. evoluce, která vychází z jeho podstaty a je tedy neměnná,
3. evoluce, která se mění podle vnějších vlivů,
4. evoluce a transformace vnějších vlivů.

První faktor je původ, čili primární matérií, tedy předchozí formou. Protože každý předmět neustále mění svou formu, je každá předchozí forma definována jako „primární", což však zahrnuje i předchozí formy. Vnitřní vlastnosti záleží jedině na původu a určují také následnou formu a její vnější podobu, jedinečnou informační hodnotu, genom a vlastnictví.

Druhý faktor je posloupností akcí a reakcí předmětu. Toto pořadí se nemění. Příkladem může být zrnko pšenice, které vhozeno do půdy se rozloží a vytvoří nový výhonek. Pšeničné zrno ztrácí svou prvotní formu, ve smyslu jejího úplného vymizení, a dožaduje se formy nové – formy výhonku. I ten se však posléze ztratí, aby vytvořil nové zrnko pšenice přesně podle svého původu. Nakonec se může změnit jen počet zrnek a případně jejich kvalita (velikost a chuť). Jinými slovy jsme schopni pozorovat zákon akce a reakce, ve kterém vše závisí na původu předmětu.

Třetí faktor je zákonem příčiny a následku spojeného s prvotní látkou, která mění své vlastnosti poté, co přišla do styku s vnějšími silami. Následkem toho se kvantita a kvalita pšeničného zrnka mění, protože na něj působí ještě další síly (půda, voda, slunce), které doplňují vlastnosti původní látky.

Protože síla původu převládá nad ostatními faktory, mohou se změnit pouze vlastnosti zrnka, ale nikoliv druh zrna samotného – tedy není možné přeměnit pšeničné zrno na zrno ječmenu. Jinak řečeno je třetí faktor, podobně jako faktor druhý, vnitřní vlastností předmětu, ale na rozdíl od druhého faktoru může variovat kvantitativně a kvalitativně.

Čtvrtý faktor je spojením zákona příčiny a následku s ostatními silami, které na předmět působí zvenčí. Tedy takovými silami, jako je náhoda, živly a sousedé. Tyto čtyři faktory nejčastěji dohromady ovlivňují každý předmět.

První faktor (původ) je pro nás zcela fundamentální, protože jsme stvořeni svými rodiči. Jako jejich potomci jsme (do jisté míry) jejich kopiemi. Například se téměř všechny vlastnosti rodičů a prarodičů objevují i u jejich dětí. Způsoby chování a znalosti požadované předky se u jejich potomků objevují – dokonce i na podvědomé úrovni – jako jejich zvyky a vlastnosti. Skrytá síla jménem dědičnost vede všechny kroky potomků, které se pak předávají z generace na generaci.

Tím vznikají nejrůznější lidské inklinace, kterých si můžeme povšimnout: víra, kritičnost, materiální zabezpečenost, lakota nebo skromnost. Žádná z výše uvedených věcí není tím, co by člověk mohl získat, ale jsou to všechno vlastnosti zděděné po předcích a zakódované do potomkova mozku.

Protože automaticky dědíme vlastnosti svých předků, připomínají tyto vlastnosti zrnko, které v půdě ztrácí svou formu. Nicméně přesto existují vlastnosti, které ač zděděné, projevují se v nás naprosto opačným způsobem, než bychom očekávali.

Protože se prvotní matérie projevuje v silách, které nemají vnější formu, je jí umožněno nést pozitivní i negativní vlastnosti.

Ovlivňují nás i tři další faktory. Pořadí příčin a jejich následků, které vyplývají z našeho původu, je neměnné (2. faktor). Zrnko se rozkládá pod vlivem prostředí a postupně se mění až do podoby nového zrnka. Jinými slovy první faktor získává podoby prvotní matérie či látky. Rozdíl mezi předchozí rostlinou a novým výhonkem se projevuje pouze v kvalitě nebo kvantitě.

Příchodem na tento svět se člověk proti své vůli dostává do vlivu společnosti a přejímá společenskou roli a vlastnosti společnosti. Proto je lidská dědičná vlastnost přeměněna podle vzoru společnosti.

Třetí faktor je založen na vlivu prostředí. Každý z nás ví, jak se naše touhy a názory mohou vlivem společnosti radikálně změnit. Nic podobného se nemůže stát v neživé přírodě, ale ani v rostlinné a zvířecí říši. To se stává jen a pouze lidem.

Čtvrtý faktor je přímým a nepřímým vlivem negativních vnějších vlivů (potíže a úzkost), které nemají co dělat s postupným vývojem prvotní látky.

Všechny myšlenky a činy závisí na těchto čtyřech faktorech a diktují nám způsob života. Jsme těmito čtyřmi faktory ovlivňováni podobně jako hlína v rukou hrnčíře. Z toho tedy vidíme, že není svoboda touhy, neboť vše závisí jen na interakcích mezi těmito čtyřmi faktory, nad kterými nemáme žádné moci. Žádná vědecká teorie neodpovídá na to, jak duchovní ovládá hmotu zevnitř a kde a jak interaguje duše s tělem.

Kabala říká, že vše, co bylo stvořeno ve světech, existuje pouze skrze Světlo a nádoby, které se tímto Světlem naplňují. Jediné stvoření je nádoba, která si žádá přijmout Světlo přicházející přímo od Stvořitele. Tato touha přijmout Světlo, které nádobě přináší život a potěšení, je duchovní i hmotnou podstatou nádoby.

Rozdíly v povaze, kvalitě a kvantitě mezi stvořenými bytostmi leží pouze v míře této touhy přijímat Světlo přicházející od Stvořitele.

Vše, co odděluje jeden předmět od druhého a tvoří barvy, substance, vlny a jiné odlišnosti, vychází pouze z míry vůle přijímat a čili také množství Světla obsaženého ve věcech. Jinými slovy řečeno: touha určité velikosti stvoří minerál, jiná velikost stvoří kapalinu, barvu nebo vlny. Vše závisí jen na vůli přijímat, neboť množství Světla, které pojímá nás i všechny světy, je stejné a neměnné.

Teprve teď si můžeme osvětlit otázku svobody jednotlivce. Jelikož již chápeme, že jednotlivé sestává z vůle přijímat Stvořitelovo Světlo, je nám jasné, že všechny rysy jsou jen příznačné pro tuto touhu a na síle, kterou přitahuje Světlo.

Přitažlivá síla, kterou jsme zvyklí nazývat „ego", nás nutí zápasit o přežití. Pokud zničíme jednu z tužeb či snah ega, upřeme mu možnost použít ho jako nádobu, jejíž naplnění je jeho Stvořitelem dané právo.

Všechny naše myšlenky vznikají působením prostředí podobně, jako se zrnko rozvine pouze v půdě, která mu vyhovuje. Proto jedinou volbou, která nám zůstává, je volba společnosti, v níž žijeme, a volba našich přátel. Změnou prostředí nutně změníme i své postoje, protože jednotlivec není více než kopií, či produktem svého společenstva.

Lidé, kteří si uvědomují, že člověk nemá svobodnou vůli, si jsou také vědomi toho, že jsme produktem společenstva a že lidský duch neovládá tělo. Místo toho jsou vnější informace ukládány do paměti a podobně jako zrcadlo potom mozek odráží všechno, co se objeví v okolním prostředí.

Náš původ je náš základní, prvotní materiál. Dědíme naše cíle a inklinace a toto dědictví je jedinou věcí, která odlišuje jednoho člověka od druhého. Každý je společností ovlivněn jinak. Proto také nenajdeme dva stejné lidi.

Vězte, že tento prvotní materiál je pravým bohatstvím jednotlivce a neměli bychom ho měnit, protože pouze rozvíjením vlastních jedinečných vlastností se osoba stává osobností.

Proto člověk, který skoncuje byť s jedinou touhou, vytváří ve světě prázdno. Tato touha se totiž již nikdy neobjeví v žádném jiném těle.

Z toho již můžeme vidět, jaký zločin páchají „civilizované národy", když svou kulturu vnucují jiným a tím ničí jejich základy.

Je však ve společnosti možné usilovat o úplnou individuální svobodu? Je zcela jasné, že společnost, aby fungovala normálně, musí omezovat jednotlivce zákony, omezeními a normami. Z toho vyplývá, že člověk neustále bojuje s druhými. Proto se dostáváme k mnohem jasnějšímu závěru: pokud má majorita právo určovat společenská pravidla a přitom platí, že masy jsou méně rozvinuté než nejvyvinutější lidé ve společnosti, pak ve společnosti vzniká regrese, místo progrese.

Pokud společnost své zákony utváří podle duchovních zákonů, pak ti, kteří je dodržují neztrácejí možnost splynout jako jednotlivec se Stvořitelem. To je dáno tím, že tyto zákony jsou přírodními zákony panujícími nad světem a společenstvím. Pokud společnost tvoří své vlastní zákony, které odporují duchovním zákonům, pak ti, kteří následují duchovní zákony dosáhnou naprostého rozvinutí.

Musíme následovat přírodní zákony, aby se jednotlivec a společnost mohli rozvinout ve správném směru. Kabala nás učí, že svá rozhodnutí tvoříme podle společenského názoru. Kabala nám tak ukazuje, že v každodenním životě musíme přijímat názor majority a v duchovním rozvoji musíme následovat názory rozvinutějších jedinců. Toto pravidlo se nazývá „přírodní zákon řízení". Všechna pravidla a zákony kabalistické vědy jsou tvořena z přírodního zákona řízení.

Zatímco skrze kabalu studujeme spojení mezi zákony, které náš svět ovlivňují shora dolů, je nám stále jasnější, že zákon o vlivu majority v společnosti je naprosto přirozený.

6.

CO JE PODSTATOU A CÍLEM KABALY?

- Jaká je podstata kabaly?
- Zaměřuje se kabala na život v tomto světě, nebo ve světě budoucím?
- Kdo z kabaly profituje – Stvořitel, nebo stvoření?

Kabalisté, kteří dosáhli sjednocení se Stvořitelem, cítí, že je naprosto laskavý. Vysvětlují, že nemůže způsobit ani tu nejnepatrnější bolest ničemu ve svém stvoření, protože egoismus, vůle přijímat jen pro sebe, čili příčina všeho utrpení, v Něm chybí.

Zraňujeme druhé z jediného důvodu: abychom ukojili svou vlastní chuť. Kdyby tato touha člověka neustále nepronásledovala, neexistovalo by zlo. Jelikož však vnímáme Stvořitele jako celistvého a dokonalého, absence touhy „mít" vede k absenci jakéhokoliv zla v Něm.

Pokud je to ale pravda, pak by se nám měl jevit jako absolutně příjemný. Měli bychom mít podobný pocit, který zažíváme v momentech radosti, rozkoše a naplnění. Protože všechno, co cítíme pochází od Stvořitele, měly by všechny jím stvořené bytosti cítit pouze dobré a příjemné pocity ... ale tak tomu není!

Celou přírodu můžeme rozdělit na čtyři úrovně či patra: neživou, rostlinnou, živočišnou a lidskou. Každé patro prochází postupným vývojem: pomalým, rychlejším, růstem v intencích zákonitosti příčiny a následku. Připomíná to ovoce rostoucí na stromě, které se teprve až na závěr své existence stává poživatelným a přitažlivým.

Kolika přechodnými stavy si ale toto ovoce muselo projít?! Přechodné stavy nám však neříkají vůbec nic o konečné podobě, kdy je ovoce sladké a zralé. Objevují se zde spíše protikladné stavy: jak je ovoce na konci zrání sladké a měkké, tak v průběhu zrání je hořké a tvrdé.

K tomutéž dochází i ve zvířecím světě: zvířecí myšlenkové schopnosti jsou v dospělosti omezeny, ale zatímco roste, jsou tato omezení – vzhledem třeba k vývoji dítěte – naprosto nepatrná. Například jednodenní tele má všechny vlastnosti zcela dospělého býka. Tedy se prakticky zcela přestane vyvíjet, což je v naprostém protikladu k člověku, jenž dosahuje intelektuálního rozvoje v dospělosti, ale v mládí je naprosto bezmocný a hloupý.

Rozdíl je natolik zarážející, že pokud by se na tele a dítě podíval někdo, kdo o našem světě neví zhola nic, pak by nutně předpokládal, že z dítěte nebude nic, než potrava pro červy, zatímco tele, až vyroste, bude třeba něco jako býčí Napoleon. Přechodné stavy jsou tedy zpravidla protikladné k tomu, co je na konci vývoje. Proto pouze ten, kdo zná konečný produkt, je schopen přijmout a pochopit nevábné a nepříjemné formy vývoje předmětů. Proto také lidé často usuzují špatně, protože selhávají ve své snaze správně vidět konečný výsledek.

Ve skutečnosti jsou Stvořitelovy způsoby vlády nad tímto světem zcela účelné a smysluplné, ale projevují se až v konečném důsledku vývoje. Jeho přístup k nám je veden v duchu „naprostého blaha", které postrádá jakoukoliv stopu zla. Smysl jeho vedení se ale stane zjevným až během postupného vývoje. Nakonec budeme schopni přijmout veškeré dobro, které je pro nás připraveno. Je zcela samozřejmé, že toho bude dosaženo přesně v intencích Jeho plánu.

Pro vývoj správným směrem máme na výběr ze dvou cest:
- Cesta utrpení, které se stále chceme vyhýbat. Nevidíme na ní cíl a jsme puzeni vyhýbat se bolesti. Tato cesta je nazývaná „nevědomou evolucí", či „cestou bolesti".
- Vědomá cesta, která je bezbolestná a skrze kterou dosahujeme rychlého rozvoje kabalistickými postupy, které nám napomáhají k rychlejšímu dosažení kýženého cíle.

Smyslem všech zákonů vývoje využívajícího kabalistických metod je naučit nás rozeznávat dobré a zlé v nás a obzvláště posílit rozpoznávání zlého. Dodržováním duchovních zákonů můžeme sebe sama vysvobodit ze spárů zla. To je dáno především tím, že čím více nebo méně je člověk rozvinut, tím více nebo méně pociťuje touhu se zlého zbavit.

Zdrojem všeho zla je náš egoismus, neboť je v protikladu k podstatě Stvořitele, který nám přeje jen to dobré. Protože vše, co vnímáme a pociťujeme, přichází od Něj, je blízkost Stvořiteli pociťována jako dobrá, příjemná a potěšující, kdežto vzdálení se Mu jako utrpení. Jelikož Stvořitel nenávidí egoismus, ošklíví si ho i lidé. Míra ošklivení závisí na stupni duchovního rozvoje. Postoj k egoismu variuje na široké škále od přijímání egoismu jako zcela normálního, přirozeného a duchovního postoje u méně vyvinutého člověka, který je naprosto neskrývaným egoistou (schopným bezostyšné krádeže nebo vraždy) přes člověka, který egoismus nevnímá jako běžný stav, dokonce se za něj stydí, až k duchovně vyvinutému jedinci, který otevřeně proti egoismu bojuje.

Z toho se můžeme poučit, že odpovědi na otázky v úvodu této kapitoly jsou takovéto:
- Esencí kabaly je možnost člověka dosáhnout nejvyšší úrovně vývoje positivní cestou bez toho, aby musel trpět.
- Cílem kabaly je dosáhnout konečné úrovně odpovídající duchovnímu úsilí, které člověk vykonal v tomto světě.
- Kabala nebyla stvořeným bytostem dána pro jejich blahobyt, ale byla jim dána jako nástroj k sebezdokonalování.

7.

Z DOSLOVU K ZOHARU

Kabala vysvětluje, že spolehlivé a neustálé dodržování duchovních zákonů vede ke spojení se Stvořitelem. Avšak co toto „spojení" znamená? Vždyť kvůli časovosti, trojrozměrnému prostoru a tělesným choutkám není naše myšlení schopné Stvořitele vůbec pochopit. Proto taky, aspoň dokud jsme svázáni těmito hranicemi, nemůžeme být objektivní. Avšak když překonáváme své ego, vůle přijímat a konečnost času, prostoru a pohybu se mění. Získávají totiž duchovní rozměr. Díky tomu máme kontrolu nad svým chtěním a nejsme jím ovládáni. A protože se takto naše myšlenky oprostily od chtění, získali jsme objektivitu.

Za to kabala nabízí dosažení sjednocení vlastností a konání se Stvořitelem, čili přiblížení se Mu. Říká se: splyň s Jeho činy; buď laskavý, vlídný a pokorný, jako je i On. Jak si však můžeme být jisti, že Stvořitelovy činy a Stvořitel jsou jedno a totéž? A proč bychom s Ním navíc měli napodobováním Jeho činů splynout?

V materiálním světě si představujeme splynutí, nebo přilnutí jako zkrácení vzdálenosti mezi těly. Oddělení chápeme jako vzájemné vzdalování. Protože však duchovní rovina postrádá taková měřítka jako je čas, prostor a pohyb, odehrává se přiblížení se k jinému duchovnímu tělu spodobněním vlastností a činů a naopak vzdálení se tím, že se chováme opačným způsobem. Ale přitom není možné, aby v duchovním světě došlo k nějakému přilnutí nebo splynutí (jak jej známe z materiálního světa), protože duchovní entity nezabírají žádné místo.

Tak jako sekera rozděluje polínko na dvě oddělené části, tak je duchovní předmět rozdělen na dvě části výskytem nové vlastnosti. Čili pokud je rozdíl mezi vlastnostmi zanedbatelný, pak si jsou oba duchovní předměty blízké. Čím více se vzájemně jejich vlastnosti liší, tím více si jsou vzdáleny. Pokud se navzájem milují, jsou si duchovně „blízko" a vzdálenost mezi nimi je naprosto bezvýznamná. Jejich vzájemný vztah je dán duchovní přitažlivostí.

Pokud si ale jeden oblibuje, co druhý nenávidí, pak se vzdálenost mezi nimi zvětšuje úměrně rozdílu jejich pohledu na předmět jejich citů. Jakmile jeden miluje, co druhý nenávidí, vnímáme je jako protikladné.

Z toho se učíme, že v duchovním světě (světě tužeb) je podobnost nebo rozdílnost v chtění, touhách a vlastnostech sekerou rozdělující duchovní na dvě části. Vzdálenost mezi duchovními objekty je určena velikostí antagonismů mezi jejich touhami a vlastnostmi.

Proto napodobováním Stvořitelovy vůle, pocitů a myšlenek se Mu přibližujeme. Jelikož Stvořitel koná pouze pro dobro Jím stvořených bytostí, tak bychom i my měli chtít dobro našich bližních a všech dalších bytostí a být ke všem laskaví. A protože existujeme v materiálním světě, kde se neobejdeme bez hmotného těla, není projevem egoismu, když se snažíme o zajištění základních životních potřeb. Lze se zcela obětovat pro druhé? Vždyť nás Stvořitel koneckonců stvořil jako totální egoisty posedlé vlastním blahem. Nemůžeme změnit svou přirozenost a navíc tím, že jsme vůči druhým laskaví, sami sledujeme – ať už vědomě nebo nevědomě – vlastní prospěch. Bohužel nejsme-li schopni vidět byť jen malý osobní prospěch, nehneme pro druhé ani prstem.

Lidé jsou vskutku naprosto neschopní změnit svou podstatu naprostých egoistů, natož tuto povahu změnit v naprostý opak (být hodný na druhé a nechtít za to nějakou odměnu: čest, slávu, zdraví nebo peníze). Z toho důvodu nám byla dána kabala a tím pádem dodržování duchovních zákonů. Jiným způsobem svou podstatu zkrátka nezměníme.

Tělo a orgány dohromady tvoří celek, v němž dochází k neustálé výměně pocitů a informací. Například když tělo cítí, že jedna z jeho částí může vylepšit celkový stav, pak tato část okamžitě tuto informaci rozezná a realizuje ji. Pokud nějaká část trpí, pak o tom okamžitě ví celé tělo a pokouší se danou situaci zlepšit.

Z tohoto příkladu můžeme pochopit, proč člověk, nebo spíše lidská duše touží po sjednocení se Stvořitelem. Než si duše oblékla tělo, byla spojena se Stvořitelem. Jakmile se ale vtělila, zcela se od Něj odloučila, protože mezi Stvořitelem a tělem je propastný rozdíl.

To znamená, že vštípením egoismu do duše Stvořitel stvořil něco naprosto odlišujícího se od Sebe, protože rozdílné tužby oddělují v duchovním světě duchovní entity. Proto jsou předmět (duše) a egoismus (tělo) dvě rozdílné části. Stejným způsobem můžeme vysvětlit rozdíl mezi člověkem a Stvořitelem a přirovnat člověka k orgánu vyříznutém z těla. Stvořitel a člověk si jsou tak vzdáleni, že člověk ani není schopen Stvořitelovu přítomnost ve světě cítit. Vzdálenost je tak velká, že člověku nezbývá, než *věřit* v Jeho existenci, protože nikdy nemůže jistě *vědět, že je*.

Čili pokud se pokusíme naše vlastnosti ztotožnit s Jeho vlastnostmi (například dodržováním duchovních zákonů a přeměnou egoismu, který nás od Něj odděluje, v altruismus), dosáhneme Jeho myšlenek a přání. Také však odhalíme tajemství kabaly, neboť Stvořitelovy myšlenky jsou tajemstvím Vesmíru!

Existují dva druhy kabalistické nauky: odhalená a skrytá. Obě se zabývají Stvořitelovými myšlenkami. Kabala je jako provaz hozený topícím se v moři egoismu. Dodržováním duchovních zákonů se člověk připravuje na druhou, hlavní fázi, kdy ten, který je dodržuje duchovně splyne s tím, jenž je ukládá.

Ti, kdo dodržují duchovní zákony, procházejí pěti úrovněmi: *Nefeš, Ruach, Nešama, Chaja* a *Jechida*. Každá úroveň se skládá z pěti podúrovní, které se dále dělí na pět dalších podúrovní. Dohromady se žebřík duchovního vzestupu, či přiblížení se ke Stvořiteli, sestává ze 125 stupňů. Pět hlavních příček tohoto žebříku se nazývá „světy". Jejich podúrovně se nazývají *Parcufim*, a ty se skládají ze *Sefirot*.

Vše existující v jednom duchovním světě vnímá předměty z tohoto jednoho světa a ze světů pod ním. Nemohou si dokonce ani představit cokoliv z vyššího světa. Proto ten, kdo dosáhne jednoho ze 125 stupňů, obsáhne všechny duše, které na onom stupni existovaly v minulosti, existují v přítomnosti a budou existovat v budoucnosti a zůstane tam s nimi. My, kteří existujeme jen v našem světě, nejsme schopni si představit nebo pocítit cokoliv z toho, co existuje na jiných stupních, či světech, a to včetně těch, kteří tyto úrovně obývají.

Kabalistům, kteří na své cestě ke Stvořiteli dosáhli nějaké duchovní úrovně a popisují danou úroveň, mohou správně porozumět jen ti, kteří s nimi sdílí jejich svět. Ti, kteří dané úrovně nedosáhli, mohou být snadno těmito popisy zmateni a svedeni ze správného pochopení.

Jak již bylo řečeno výše, je naše cesta ke Stvořiteli rozdělena na 125 částí, resp. stupňů. Všechny ale není možné zdolat bez dokončení vlastní nápravy. Mezi všemi generacemi a generací poslední, která je zcela napravená, jsou dva rozdíly:

1. Pouze v poslední generaci je možné obsáhnout všech 125 stupňů.
2. V předchozích generacích bylo možné dosáhnout dalších světů jen pár lidem, zatímco v poslední generaci bude umožněno všem lidem vystoupit skrze duchovní úrovně a splynout se Stvořitelem.

Termín „poslední generace" se vztahuje ke všem lidem od roku 1995 dále. Podle knihy *Zohar* to byla doba, kdy lidstvo vstoupilo do nové fáze – fáze *Konečného napravení se*. Podle kabaly se tato doba nazývá „časem vykoupení", kdy se lidstvu konečně podaří vyjít z nejnižší úrovně. Rašbi[1] a jeho žáci vystoupali po všech 125 příčkách žebříku. Proto byl schopen napsat *Knihu Zohar*, která zahrnuje všech 125 úrovní světů. A proto je v *Zoharu* řečeno, že kniha bude pochopena „na konci věků", což znamená večer posledního dne fáze nápravy. Předchozí generace nemohly nápravy dosáhnout. Proto také nemohly porozumět této knize a projít všemi 125 příčkami, o nichž *Kniha Zohar* hovoří. Naše generace ale už může dosáhnout 125. příčky; my už můžeme pochopit *Zohar*.

Skutečnost, že současný kabalista dokázal komentovat *Knihu Zohar* je znamením, že jsme všichni na prahu poslední generace a že *Knize Zohar* může porozumět každý. Však je také snadno ověřitelné, že před naší generací na *Knihu Zohar* nevznikl jediný komentář. Ale v současnosti je dostupný jasný a úplný komentář *Sulam* na *Knihu Zohar*, který napsal Baal HaSulam. Přesně tak by to mělo být v poslední generaci.

I tak bychom ale měli vědět, že duchovní činy se neprojevují stejným způsobem jako činy na materiální úrovni: to proto, že příčina a následek nejsou spojeny přímo. V naší době je svět připraven na příchod Mesiáše (síly, jež vytrhne svět ze spárů egoismu a přivede jej k altruismu). Ale to je jen možnost, které můžeme a nemusíme dosáhnout. Skutečné dosažení cíle závisí jen na nás a našich schopnostech.

Se Stvořitelem se můžeme spojit napodobením našich vlastností, tužeb a cílů s Jeho, čímž naprosto zničíme egoismus a začneme dělat dobré věci jen proto, abychom je dělali. Přesto zůstávají pochybnosti: jak by naprostý egoista (člověk neochotný vykonat cokoliv pro druhé, pokud z toho něco nemá) v sobě mohl najít sílu a motivaci jednat pro druhé?

---
[1] Rabi Šimon bar Jochaj – autor knihy Zohar, kterému je připisováno mnoho zázračných činů (pozn. překl.).

Vyvrácení těchto pochyb nacházíme v samotném životě: Představte si situaci, kdy si přejete z celého srdce dát dárek někomu hodně blízkému, někomu koho milujete a respektujete. Předpokládejme, že tato osoba je ochotna dárek přijmout a nebo souhlasí, že by přišla k vám domů na večeři.

Avšak i přesto, že utrácíte peníze a těžce pracujete, abyste dobře pohostili vzácného hosta, užíváte si to, jako byste to nebyli vy, ale váš host, kdo vám prokazuje službu tím, že vás baví a obdarovává přijetím daru či pohoštění. Pokud si představíme Stvořitele jako někoho, koho respektujeme, bude nám dělat potěšení potěšit Ho.

Zákony vesmíru můžeme dodržovat jen pokud jsme přijali Stvořitelovu velikost. Pak totiž, pokud pro Něj pracujeme a pokud Ho vyvyšujeme, jako bychom od Něj přijímali dary. A protože všechny myšlenky jsou odvislé od toho, co společnost považuje za dobré, je vše, co chválí společnost vznešené i v očích jednotlivce. Proto je nezbytné, abychom se zdržovali v přítomnosti co největšího počtu těch, kteří chválí Nejvyššího.

Pokud naše okolí nechválí Stvořitele, nebude nám ani umožněno, abychom žili duchovně. Student by sebe samého měl vidět jako nejmenšího ze všech studentů. Tímto způsobem může absorbovat společenské názory a získat dojem, že názor společnosti je důležitý. Odsud pramení ona banální věta: „Kup si přítele." Však také čím více lidí mě ovlivňuje svými názory, tím více budu schopen pracovat na sobě a odstranění svého egoismu, až začnu vnímat samotného Stvořitele.

Říká se, že každý člověk by měl dosáhnout Kořene, zdroje své duše. To ale jinými slovy znamená, že konečným cílem je sjednocení se Stvořitelem. Stvořitelovým vlastnostem se říká *sefirot*. Proto když studujeme *sefirot* a jejich projevy, učíme se jejich vlastnostem, splýváme s nimi, sjednocujeme se s myslí Stvořitele a stáváme se totožnými se Stvořitelem.

Význam kabaly pramení z faktu, že jejím studiem zjišťujeme, jak byly stvořeny světy a jak jsou řízeny. Studováním Stvořitelových činů a vlastností odhalujeme, jací bychom měli být, abychom s Ním mohli splynout.

8.

JAKÝ JAZYK JE KABALISTICKÝ?

Protože je náš slovník omezený naším vnímáním světa, které je svázáno s časovostí, prostorem a pohybem, nemáme žádná slova, kterými bychom byli schopni se přiblížit nebo postihnout duchovní světy. Náš slovník vznikl v tomto materiálním světě a chceme-li tedy použít světská slova k pojmenování duchovních jevů, zjišťujeme, že jsou naprosto nevhodná.

Je velmi obtížné nalézt slova, která by popsala duchovní zážitek někomu, kdo je dosud duchovnem netknutý. I když se pokusíme popsat duchovní předmět, jsme odkázáni na slova z hmotného světa. Stačí, aby jen malý kousek nebyl přesně vyjádřen, a správný význam se z celé vědy vytratí. Proto zůstane problém vztahování se k duchovnímu nevyřešen do doby, než najdeme vhodná slova.

Každá věc a každá činnost v tomto světě má svůj původ ve svém duchovním obrazu. Kvůli tomu kabalisté vynalezli spolehlivý způsob, jak si navzájem sdělovat informace a vědomosti. Používají jména předmětů a činů (větví) v našem hmotném světě k popsání odpovídajících předmětů a činů (kořeny) ve světě duchovním.

Tento jazyk byl vytvořen lidmi, kteří dosáhli duchovních světů ještě za svého materiálního života a naprosto dokonale porozuměli tomu, o čem hovoří. Proto jej kabalisté velmi přesně pojmenovali „jazyk větví".

Díky tomu můžeme snadno pochopit podivná jména, která se objevují v kabalistických knihách, a popisy podivuhodných činů, které vnímáme jako dětské povídačky. Avšak tento jazyk je neuvěřitelně přesný, protože mezi větví a kořenem existuje naprostá shoda.

Nás však nepřekvapuje, že tato shoda existuje, protože víme, že autoři jazyka větví existovali zároveň v duchovním i hmotném světě. Z toho důvodu je jednoduše naprosto nemožné nahradit byť jen jediné slovo a jakkoliv absurdní se to může zdát, musí větev vždy odpovídat kořenu.

To, co odděluje duchovní objekty není prostor, ale jejich duchovní nesouhlasnost a nepodobnost jejich vlastností. Proto počet duší, tedy jednotlivých duchovních předmětů, ovlivňuje počet lidí ve hmotném světě.

Na počátku stvoření byla pouze jedna společná duše: Světlo (potěšení) a odpovídající tělo (touha) – *Adam*. Splývali se Stvořitelem, a proto získávali maximální potěšení. Podstatou duše je pouze vůle přijímat potěšení a podle své touhy jím byla naplněna. Avšak jakmile potěšení obdržela, pocítila stud. Každý člověk v našem světě, když obdrží dárek nebo mu je prokázáno dobrodiní, cítí stud. Míra pociťovaného studu závisí na jednotlivém stupni rozvoje. Pouze tento pocit nás neustále drží v určených hranicích a přikazuje nám dodržovat společenské zákony. Stejný pocit ale najdeme i na pozadí naší touhy vědět, vlastnit, mít uznání a nebo být ctěn.

Jakmile ale jednou ucítila spalující stud za obdržené potěšení, tak si duše uvědomila, že jediný způsob, jak se nehanbit, je přestat se těšit z potěšení. Protože chtěl Stvořitel duši potěšit, duše s tím souhlasila, avšak nikoliv kvůli sobě, ale kvůli Stvořiteli.

Jenže je to jako v našem světě, kde když dítě sní „ještě jednu lžičku za maminku", tak tím vlastně těší své rodiče. V této situaci duše určuje kolik potěšení přijme, aby potěšila Stvořitele.

Protože ale společná duše nebyla schopna překonat svou přirozenou touhu těšit se pro sebe samu (tak ohromná to byla duše!), byla rozdělena na myriády menších částí (duší). Pro tyto části je jednodušší omezit svou sobeckost.

V duchovním světě neexistuje vzdálenost a blízkost je určena podobností činů a myšlenek (přitažlivost, láska), proto duše, jež přijímají potěšení „pro blaho Stvořitele", jsou Mu blíž, protože se s Ním radují podobně, jako se raduje dítě s matkou.

Blízkost je určována tím, kolik potěšení duše přijímá pro dobro Stvořitele. Chuť přijímat v nás funguje naprosto instinktivně, ale naše touha nestydět se a radovat se pro Něj, vyžaduje zvláštní a vytrvalé úsilí.

Duše, která přijímá jen pro sebe samu, je ve své duchovnosti protikladem Dárce. Čím větší je sobecká radost, tím větší je i vzdálenost od Stvořitele.

Protože rozdíl v tužbách vede od Stvořitele, byly na různých úrovních vzdálenosti stvořeny různé světy. V tomto světě je každé části společné duše dán jistý čas (délka života) a opakované příležitosti (životní cykly) k nápravě.

Člověk se rodí se sobeckou touhou přijímat. Všechny naše „osobní" tužby pramení ze soustavy nečistých sil. Jinak řečeno jsme nekonečně vzdáleni od Stvořitele, nejsme schopni Ho cítit, a proto jsme „duchovně mrtvi".

Přesto pokud se pustíme do boje se sebou, můžeme dosáhnout chuti žít, myslet a jednat nejen pro sebe, ale především pro druhé a pro Stvořitele, čímž duše dosáhne očištění a přiblížení ke Stvořiteli, které skončí splynutím s Ním. Přičemž platí, že čím blíže je člověk Stvořiteli, tím je šťastnější.

Právě kvůli této přeměně duše byly stvořeny jak náš svět, tak všechny ostatní duchovní světy (čili kroky na cestě ke Stvořiteli). Spojení se Stvořitelem je úkol, který musí každý splnit ještě během života v materiální úrovni.

Náš svět je nejzazší protiklad Stvořitele. Tím, že se pokoušíme zbavit své sobecké touhy, se k Němu přibližujeme a získáváme tím dvojnásob: jednak si užíváme potěšení, které nám poskytuje, a jednak si užíváme to, že Ho těšíme. Je to stejné, jako když jsem jako dítě snědl lžičku za maminku a těšil se z toho, že jsem dostal jídlo, a ještě z toho, že jsem ji potěšil.

Měli bychom si ale také uvědomit, že zatímco egoistické potěšení má krátkého trvání a jen omezenou míru (nejsme schopni sníst dvě večeře), je možné naprosto dávat, sdílet nebo přijímat pro dobro druhých. Proto je takové potěšení naprosto neohraničené!

Každý svět se všemi svými obyvateli (včetně našeho světa) se snaží sjednotit se Stvořitelem podle jednoduchého plánu: zahrnout duši potěšením. Tato prostá myšlenka, tento cíl, obsahuje celé stvoření od počátku do konce. Všechno utrpení, které cítíme, naše práce na nás samých a naše odměna, jsou určeny pouze touto myšlenkou.

Po samostatné nápravě budou všechny duše zahrnuty do jedné duše, jako tomu bylo prve. Proto se množství potěšení neomezí jen na dvojitou porci rozkoše (potěšení od Stvořitele a potěšení z potěšení Stvořitele), ale znásobí se ještě množstvím znovu sjednocených duší.

Během duchovního růstu se oči lidí postupně otevírají a další světy přestávají být neviditelné. Proto je možné žít v tomto světě a dosáhnout všech světů ostatních. Takovým lidem se kabalistický jazyk, dříve tak nesmyslný, stává jazykem činů, myšlenek a pocitů a dříve protikladné vjemy se spojují do jednoho Nadpozemského kořenu.

9.

Z PŘEDMLUVY K ZOHARU

Kniha Zohar byla skryta před zraky nezasvěcených ode dne svého sepsání. V současnosti ale již dozrály podmínky k jejímu odhalení veřejnosti. Abychom *Zohar* mohli zpřístupnit každému čtenáři, musíme uvést několik vysvětlení.

Úplně prvně bychom si měli vysvětlit, že vše, co je v *Zoharu* napsáno, odpovídá deseti *sefirám*: *Keter, Chochma, Bina, Chesed, Gevura, Tiferet, Necach, Hod, Jesod, Malchut* a jejich kombinacím. Stejným způsobem jakým jsme schopni pomocí omezeného počtu písmen abecedy vyjádřit jakoukoliv myšlenku, jsme schopni pomocí kombinování *sefirot* vyjádřit každé duchovní jsoucno nebo čin.

Přesto bychom měli stále mít na paměti tři hranice, které jsou spojeny se čtyřmi úrovněmi vnímání v našem světě: látka, forma v látce, abstraktní forma a esence. Tyto čtyři úrovně se také objevují v deseti *sefirot*.

První hranice: *Zohar* zkoumá pouze látku a formu v látce, ale nezabývá se abstraktní formou, ani esencí.

Druhá hranice: Vše, co bylo stvořeno se skládá ze tří rovin:
1. Svět *Ejn sof* (nekonečno);
2. svět *Acilut*;
3. světy *Berija, Jecira* a *Asija* (BJA).

Zohar studuje pouze poslední tři světy – BJA. Nestuduje *Ejn sof* a dokonce ani *Acilut*, ale zabývá se jen a pouze tím, co světy BJA přijímají od *Acilut* a *Ejn sof*.

Třetí hranice: Každý ze světů BJA sestává ze tří rovin:
- Deseti *sefirot*, které představují část Stvořitele v každém světě;
- lidských duší;
- všeho ostatního, co existuje: *Malachim* (andělé), *Levušim* (oděvy) a *Hejchalot* (paláce).

Kniha Zohar studuje lidské duše o sobě, zatímco vše ostatní je zkoumáno s ohledem na člověka a jeho duši. Je vhodné poznamenat, že všechny chyby, omyly a nepřesnosti se staly jen proto, že došlo k překročení těchto tří hranic.

Následující výčet je seznamem korespondencí *sefirot* s jednotlivými světy *Acilut, Berija, Jecira, Asija* (ABJA):

- *Sefira Chochma* odpovídá světu *Acilut*;
- *Sefira Bina* odpovídá světu *Berija*;
- Šest *sefirot* počítáno od *Chesed* k *Jesod*, které dohromady nazýváme *Tiferet*, odpovídají světu *Jecira*;
- *Sefirat Malchut* odpovídá světu *Asija*.

Vše, co existuje nad světem *Acilut* odpovídá *Sefiře Keter*. Nicméně všechny výše zmíněné světy se dále dělí na deset *sefirot*. Dokonce i ten nejmenší předmět jakéhokoliv světa se skládá z deseti *sefirot*.

Zohar každé jednotlivé *sefiře* přiřazuje určitou barvu (viz obr. 2):
- Bílá je *Chochma*.
- Červená je *Bina*.
- Zelená je *Tiferet*.
- Černá je *Malchut*.

Přestože Světlo vyplňující *sefirot* je bez barvy, ten, kdo se na ně dívá, je vnímá v odpovídajícím odstínu. Čili Světlo vyzařující od Stvořitele je ve všech pěti světech (od *Ejn sof* až do našeho světa) zcela bezbarvou, nevnímatelnou substancí. Pouze jakmile začne procházet světy a jednotlivými *sefirot*, je to jakoby procházelo přes barevné filtry, díky čemuž jej vnímáme v určité barvě a intenzitě závisející na úrovni, na níž duše Světlo přijímá.

Například světem *Acilut* Světlo prochází naprosto bezbarvé, protože tento svět má podobné vlastnosti, jako má Světlo. Proto je barva Světla

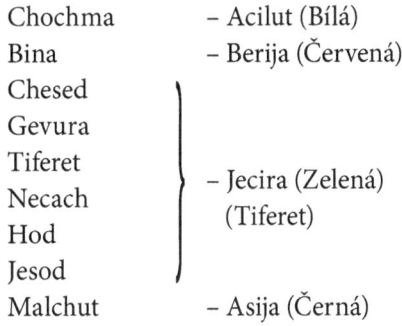

Obr. 2

ve světě *Acilut* bílá. Vlastnosti dalších světů se již odlišují od vlastností Světla; proto každý Světlo ovlivňuje podle toho, jak moc blízko povaze Světla stojí.

Pokud přirovnáme bílé Světlo k papíru, pak zpráva na něj napsaná je informací a barva této informace stojí na bílém podkladu. Stejným způsobem si můžeme představit, že vnímáním červené, zelené a černé vlastně vnímáme Světlo.

Svět *Acilut* (*Chochma*) je bílým pozadím knihy, proto jej nejsme schopni uchopit. Přesto ale *Bina* (svět *Berija*), *Tiferet* (*Jecira*) a *Malchut* (*Asija*), které odpovídají červené, zelené a černé, nám již poskytují informaci založenou na vzájemných kombinacích, interakcích a reakcích na jimi procházející Světlo ze světa *Acilut* směrem do našeho světa.

Proto to vypadá, jakoby světy *Berija, Jecira a Asija* vytvářely soustředné obaly světa *Acilut*. Podívejme se tedy na čtyři druhy předmětů: látka, forma v látce, abstraktní forma a esence.

Představme si, že náš předmět je nějaký nepoctivec:
- Látka je tělem člověka;
- forma v látce je vlastnost nepoctivosti;
- abstraktní forma je nepoctivost sama o sobě, bez ohledu na látku;
- esence člověka (je naprosto nepředstavitelná, pokud je oddělená od těla).

Nejsme schopni si představit esenci *per se*, a to dokonce ani tehdy, když zapojíme naši fantazii. Můžeme obsáhnout jen akce a reakce, které jsou součástí naší reality, a pak různé interakce s esencí. Například když zkoumáme nějaký předmět, oko nevnímá jen předmět sám, ale také jeho interakci se světlem, nebo přesněji: interakci světla s okem. Naše uši nevnímají jen zvuk, ale interakci vln se sluchovým aparátem. Naše chuťové buňky nechutnají předmět samotný, ale interakci slin, nervových zakončení a žláz s předmětem.

Všechny naše smysly nám odhalují pouze reakce esence, ale nikoliv esenci samotnou. Dokonce ani náš hmat, který nám poskytuje informaci o drsnosti povrchu předmětu a jeho teplotě, nám neodhaluje předmět samotný, ale umožňuje nám o něm soudit jen podle našich reakcí, když se ho dotýkáme a když ho vnímáme.

Proto je nejvyšší možnou úrovní výzkum toho, jak nás esence ovlivňuje. Vždyť si ani v těch nejdivočejších fantaziích nejsme schopni představit esenci bez toho, abychom ji alespoň jednou pocítili. Nejsme zkrátka schopni vytvořit si o ní představu.

Navíc nejsme ani schopni pořádně poznat sebe samé, svou vlastní esenci. Vnímáme se jako předmět zabírající nějaký prostor, formu, teplotu, schopnost myslet, *vnímám výsledek akcí své esence*, nikoliv esenci samotnou. Nejúplnější představu máme o látce. Tato informace je pro naši existenci a naši interakci s okolím celkem dostačující.

Také ale vnímáme druhou úroveň (formu v látce), když své okolí zkoumáme smysly. Toto zkoumání okolí nás přivedlo k vytvoření vědy, na které tolik závisíme v každém okamžiku našeho bytí. To lidem také celkem postačuje.

Třetí rovinu – abstraktní formu – bychom mohli poznat, pokud bychom se zbavili látky. Forma bez látky však může být nahlížena pouze v představivosti (například nepoctivost jako vlastnost nevztahující se k nikomu konkrétnímu).

Je však pravidlem, že výzkum formy abstrahované od látky je velmi nespolehlivý a nelze ho *de facto* potvrdit. O to víc toto pravidlo platí pro formy, které nikdy nebyly neseny žádnou látkou!

Z toho však vidíme, že ze všech čtyř úrovní vnímání předmětu je právě esence tím naprosto nepoznatelným a abstraktní forma je dosahována mylnými způsoby. Pouze látka a její forma může být zkoumána pravdivě, neboť o nich máme dostatečné údaje.

V duchovních světech BJA je každý předmět vztažen pouze ke své látce a formě. Barvy (červená, zelená a černá) v těchto světech tvoří látku, přičemž je vnímáme na pozadí bílé barvy světa *Acilut*. Čtenáři studující *Zohar* by si měli uvědomit, že je nutné se omezit pouze na tyto dva předměty, které nám jsou přístupné.

Jak jsme si již řekli, jsou všechny *sefirot* rozděleny do čtyř oblastí vnímání. Proto je *Chochma* formou, *Bina*, *Tiferet* a *Malchut* zase látkou pojímající formu.

Pouze *sefirot Bina*, *Tiferet* a *Malchut* jsou předmětem zájmu *Knihy Zohar*. Kniha sama se nezabývá zkoumáním abstrakcí bez látky a to ani esence – částí Stvořitele (*Ejn sof*), která oživuje celé stvoření.

Sefirot Bina, Tiferet a *Malchut* ve světě *Acilut* jsou dostupné našemu zkoumání, zatímco *sefirot Keter* a *Chochma*, dokonce i ve světě *Asija*, nám jsou naprosto nedostupné.

Vše, co existuje, je v každém světě rozděleno do čtyř úrovní: neživé, rostlinné, živočišné a lidské. Tyto úrovně korespondují s čtyřmi podúrovněmi žádostí:
- Úsilí o udržení existence na neživé úrovni;
- úsilí o bohatství odpovídá rostlinné úrovni vývoje;
- úsilí o získání moci, slávy a uznání na živočišné úrovni;
- úsilí o dosažení znalostí na úrovni lidí.

Z toho poznáváme, že první druh žádosti či touhy – po nezbytnostech či zvířecích pudech – přijímáme z úrovně nižší, než je nám vlastní. Uspokojujeme touhu po bohatství, moci a slávě skrze druhé lidi. Touha po vzdělání a vědění je ovšem naplňována skrze vyšší roviny.

Všechny duchovní světy se podobají jeden druhému a odlišují se jen v tom, na jaké jsou úrovni. Proto se neživá, rostlinná, živočišná i lidská úroveň ve světě *Berija* mohou promítnout do sobě odpovídajících úrovní ve světě *Jecira*. Odsud se zase promítají do sobě odpovídajících rovin světa *Asija* a tak dále, až do naší úrovně.
- Neživá úroveň je nazývaná *Hejchalot*;
- rostlinná úroveň se nazývá *Levušim*;
- živočišná úroveň je *Malachim*;
- lidská úroveň je v části světa nazývaná „lidské duše".

Deset *sefirot* tvoří v každém světě Stvořitelovu část. Lidské duše tvoří střed každého světa a přijímají svou výživu z okolních úrovní.

Studenti *Zoharu* by měli neustále myslet na to, že všechny předměty jsou v daném světě nazírány pouze podle jejich interakcí s okolím. Veškeré studium by se proto mělo soustředit především na lidskou duši a na studium toho, co s ní interaguje.

Jelikož *Zohar* studují jen duše, které jsou v tomto světě oděny do těl, zároveň v tomto ohledu studují *Ejn sof*. Jinak řečeno: *Zohar* se zabývá vlivem, plánem a touhou *Ejn sof* vztaženém na nás, ale nikoliv vzhledem k ostatním předmětům v jiných světech.

Celý plán stvoření ve všech světech je postupným plněním záměru, který je vtělen do *Ejn sof*, odkud sestupuje do světa *Acilut* a prolamuje se skrze ostatní roviny. Tyto roviny vidíme v jistém pořadí, neboť sestupují do našeho světa jako všeobecné a individuální. Lidské duše pocházejí ze světa *Berija*. Z toho důvodu je ten, kdo začne tímto světem, schopen prozkoumat své závislosti a spojení s *Ejn sof*. Deset *sefirot* v každém ze světů BJA má svůj plán, postup a čas vymezený své části v deseti *sefirot* světa *Acilut*.

Jelikož však ve světě *Acilut* plán stvoření existuje jako záměr, prochází Světlo *Ejn sof* skrze svět *Acilut* neovlivněno barvou. Veškeré informace, které získáváme, jsou založeny na nekonečných přeměnách Světla, které nám odhalují barvy *Berija, Jecira* a *Asija*.

10.

Z ÚVODU K ZOHARU

Abychom porozuměli alespoň něčemu ze světa kolem nás, potřebujeme mít jasnou představu o smyslu stvoření a jeho konečném cíli, protože přechodné stavy nás svádějí na scestí. Kabalisté tvrdí, že smyslem stvoření je přinést stvořeným bytostem úplné uspokojení. Z tohoto důvodu Stvořitel stvořil duše, „vůli přijímat potěšení". A protože si přál je zcela nasytit radostí, vytvořil ohromnou vůli těšit se, která přesně zapadne do jeho vůle potěšení dávat. Na základě této touhy duše od Stvořitele potěšení přijímá. Množství přijatého potěšení je odvislé od síly toužení. Vše, co existuje, se vztahuje ke Stvořiteli nebo Jeho stvoření. Před stvořením vůle k radosti, čili duše, existovala pouze Stvořitelova vůle těšit. Proto v souladu s touto touhou vytvořila vůle těšit i vůli k radosti; ta je však ve svých vlastnostech opačná.

Vůle k radosti je jedinou věcí, která byla stvořena a která existovala spolu se Stvořitelem.

Tato vůle je však navíc látkou, z níž jsou utvořeny ostatní světy a předměty, které tyto světy obývají. Potěšení pramenící ze Stvořitele je všechny oživuje a vládne jim.

V duchovních světech je rozdíl mezi vlastnostmi a touhou oddělen na dva samostatné, sobě vzdálené předměty, podobně jako jsou v našem světě předměty odlišeny vzájemnou vzdáleností. Pokud dva lidé z našeho světa milují a nenávidí stejnou věc, čili že se jejich emoce shodují, říkáme, že jeden je druhému blízký.

Pokud se jejich názory a zájmy liší, je jejich vzdálenost přímo úměrná rozdílu mezi jejich zálibami a názory. Spřízněnost mezi lidmi je předem dána „duchovní" blízkostí, nikoliv fyzickou vzdáleností. Ti, kteří se navzájem milují, lnou jeden k druhému a splývají dohromady, zatímco ti, kteří se nenávidí, jsou od sebe vzdáleni jako dva póly magnetu.

Vůle přijímat potěšení: Duše je nekonečně vzdálena od Stvořitele, protože je v přímém protikladu ke Stvořitelově vůli těšit. Aby byla vzdálenost duší od Stvořitele umenšena, byly všechny světy stvořeny a rozděleny do dvou antagonních systémů: čtyř světů Světla ABJA a jejich protikladu čtyř světů Tmy ABJA.

Rozdíl mezi soustavou Světelných světů a soustavou temných světů je pouze v tom, že světy Světla mají poskytovat potěšení a světy Temnoty ji mají přijímat. Jinými slovy: Původní touha těšit byla rozdělena na dvě části: jedna zůstala stejná, její vlastnost (přijímat) se nezměnila, zatímco ta druhá přejala atributy Stvořitele, čímž se k Němu přiblížila a splynula s ním.

Poté byly světy zformovány shora dolů až do našeho hmotného světa, čili tam, kde lidé existují jako „tělo a duše". Tělo představuje vůli přijímat potěšení, která sestupuje nezměněna skrze temné světy ABJA, jež jsou vůlí těšit se jen pro sebe samé – jsou egoismem.

Proto se člověk rodí jako egoista a jako egoista i žije, ale jen do té doby, než začne dodržovat duchovní zákony a než se rozhodne potěšit Stvořitele. Pokud jedná takto, očišťuje se od egoismu (ochotě dělat dobře jenom sobě) a chce rozdávat radost pro dobro Stvořitele. Duše potom skrze systém světlých světů sestupuje do těla.

Zde počíná velké období nápravy, během kterého má být egoismus nahrazen altruismem (touze radovat se jen kvůli Stvořiteli).

Tímto způsobem člověk napodobuje Stvořitele, protože přijímat kvůli někomu druhému neznamená přijímat, ale dávat. A protože napodobením dosahuje podobnosti, přiblížení a splynutí se Stvořitelem, tak člověk automaticky obdrží vše, co pro něj bylo v plánu stvoření připraveno.

Rozdělení Bohem vytvořené egoistické touhy na dvě části (tělo a duše) nám díky soustavě ABJA dovoluje transformovat egoistickou touhu po potěšení na touhu těšit se pro Stvořitelovo dobro. Díky této transformaci obdržíme to, co pro nás bylo připraveno v plánu stvoření, a zároveň budeme hodni splynutí s Ním.

To je považováno za smysl stvoření. V tuto chvíli postupně mizí a přestává existovat temný systém ABJA. Dílo, které mělo trvat 6 000 let (což je celková doba, která je nutná k přeměně egoismu do vůle těšit se pro dobro Stvořitele), je v tuto chvíli prováděno každým člověkem během každého okamžiku jeho života a všemi generacemi dohromady. Každý musí pokračovat v reinkarnování, dokud nebude dílo hotovo. Existence temné soustavy ABJA je nutná jen kvůli existenci hmotného těla, takže nápravou egoismu získáme svou druhou, duchovní podstatu.

Přesto se však musíme ptát: Je-li egoismus (sobecké užívání si) natolik nízký, jak se vůbec mohl objevit ve Stvořitelově mysli? Odpověď je jednoduchá: Protože v duchovním světě neexistuje čas, objevil se konec stvoření ve stejnou chvíli, jako myšlenka stvoření. To proto, že v duchovních světech je minulost, přítomnost a budoucnost jedním celkem.

Proto egoistická vůle těšit se a výsledný protiklad a odloučení od Stvořitele v duchovním světě nikdy neexistovaly. Od počátku stvoření až do jeho konce duše procházejí třemi stadii. První stadium je poslední; existuje ve Stvořiteli, protože má stejné vlastnosti.

Druhým stadiem je naše realita, kde je egoismus (rozdělený mezi tělo a duši dvěma soustavami ABJA) v průběhu 6 000 let transformován v altruismus. Během této doby procházejí nápravou pouze duše. Egoismus, který je v nich vlivem těla zakořeněn, bude zničen a začne v nich převládat altruismus, který je duším vlastní od přírody.

Dokonce ani duše spravedlivých nevejdou do *Gan Eden* (Zahrady Eden – což je jedna z rovin světů Světla ABJA) dokud nebude zničen veškerý egoismus a neshnijí v „zemi" (*Malchut* světa *Asija*).

Třetí stadium je stadium napravené duše po „zmrtvýchstání", po nápravě „těl". Je to situace, kdy bude veškerý egoismus vlastní tělu přeměněn v altruismus a tělo se stane hodným obdržet všechnu odměnu, kterou pro něj Stvořitel připravil. Ve stejnou chvíli tělo splyne se Stvořitelem, protože se jejich vlastnosti stanou stejnými. Až se tak stane, bude Stvořitel spokojen, protože sjednocení se Stvořitelem je *samo o sobě* uspokojující.

Když se na tato tři stadia podíváme pozorně, uvidíme, že každé z nich vyžaduje ta ostatní. Pokud vyloučíme jedno z nich, zničíme i všechna ostatní.

Například pokud by se nakonec třetí stadium neobjevilo, neobjevilo by se ani první stadium. Je to dáno tím, že třetí stadium začalo existovat jen proto, že existuje první stadium. Všechna dokonalost prvního stadia je dána pouze projekcí budoucího stadia na současnost. Bez existence budoucího stadia by však bylo anulováno i současné stadium. To je dáno tím, že v duchovním světě neexistuje čas, ale jen měnící se situace.

Ještě před počátkem stvoření byl v mysli Stvořitele cíl, který již tehdy byl reálně jsoucí a definitivní. Jím také stvoření počalo. Proto je první a druhé stadium podporováno posledním a třetím stadiem. Zobecněno to znamená, že na rozdíl od našich činů v tomto světě začíná každý čin ve světě duchovním vytyčením nějakého cíle, posledního stadia, po čemž následuje jeho dosažení.

Proto je budoucnost nezbytná pro existenci přítomnosti. A pokud se stane, že něco zmizí z druhého stadia (čili z práce na sebezdokonalení), jak by se vůbec mohlo stát, že by se objevilo třetí, již napravené stadium (nezbytné pro první stadium)? Stejným způsobem prvotní stadium, kde je dokonalost díky třetímu stadiu již jsoucí, vyžaduje existenci a dokončení jak druhého, tak třetího stadia.

Avšak pokud třetí stadium již existuje (ačkoliv ne v našem vnímání) a my jsme podle Stvořitelova záměru nuceni jej dosáhnout, kde je svoboda vůle?

Z dříve řečeného vyplývá, že ačkoliv jsme nuceni dosáhnout stanoveného cíle, existují dvě cesty, jak ho dosáhnout, nebo jak přejít do třetího stadia:
- První cesta je dobrovolná, zahrnuje vědomé dodržování pravidel předepsaných kabalou;
- druhá je cestou utrpení, protože jen utrpení může očistit tělo od egoismu a přeměnit jeho podstatu v altruismus, a tím dosáhnout splynutí se Stvořitelem.

Jediný rozdíl mezi těmito dvěma cestami je v tom, že ta první je kratší. Nakonec ovšem druhá cesta, cesta utrpení, nás přivádí k první cestě. Ať si představíme jakoukoliv událost od počátku stvoření do jeho konce, vše je navzájem propojeno a společně předpokládá všechna naše stadia. Jelikož jsme nedokonalí a ubozí, musíme se stát dokonalými, jako je náš Stvořitel. Však někdo dokonalý jako On nemůže stvořit nedokonalost.

Teď chápeme, že tělo, které máme, není naším skutečným tělem. Ve skutečnosti naše pravé tělo, které je dokonalé a nesmrtelné, existuje v prvním a třetím stadiu. V našem současném (druhém) stadiu nám je dáno nízké, nedokonalé, křehké a naprosto egoistické tělo, které se od Stvořitele liší svými tužbami. Toto tělo jsme obdrželi jen proto, abychom je napravili, a ve třetím stadiu namísto něj obdrželi nesmrtelné tělo. Své dílo můžeme dokončit jen v současném stadiu.

Někdo by ale přesto mohl namítnout, že v druhém stadiu jsme naprosto dokonalí. Je to dáno tím, že naše tělo (touha těšit se, egoismus), které každým dnem umírá, nám nevytváří překážky k dosažení kýženého stadia. Jde zde jen o jedno: o čas nutný k jeho naprostému odstranění a přijetí věčného, dokonalého těla, tedy altruistické tužby.

Jak ale může nedokonalý vesmír, přesněji my a naše společenství se svými přízemními inklinacemi, povstat z dokonalého Stvořitele? Odpovědí je, že naše pomíjivé tělo, celý vesmír a lidstvo v jeho současné podobě, nebyly zahrnuty ve Stvořitelově záměru. On se totiž domnívá, že již existujeme ve svém posledním stadiu. Vše, co je dočasné (jako naše tělo se svým egoismem) pouze napomáhá našemu duchovnímu vzestupu.

Všechna ostatní stvoření obývající tento svět duchovně rostou a stoupají s námi a naším prostřednictvím dosahují dokonalosti. Protože třetí stadium ovlivňuje první, jsme předurčeni dosáhnout cíl dvěma cestami: dobrovolným duchovním vývojem, nebo utrpením, které zasahuje pouze naše těla.

Z toho plyne, že egoismus byl stvořen jen proto, aby byl vyhlazen z tohoto světa a přeměněn v altruismus. Utrpení nám ukazuje, jak bezvýznamné a pomíjivé a bezcenné je tělo.

Pokud se každý ve světě rozhodne vykořenit egoismus a myslet na druhé, nikoliv jen na sebe, všechny starosti zmizí a každý bude žít v míru, bohatství a štěstí, protože si každý bude jist, že jeho potřeby budou uspokojeny.

Čím déle jsme sevřeni v egoismu, tím méně jsme schopni najít z utrpení, které postihuje lidstvo, cestu. Avšak Stvořitel na nás sesílá toto utrpení jen proto, aby nás nasměroval k rozhodnutí zvolit si cestu, již nabízí kabala – cestu lásky a péče o druhé.

Proto kabala tvrdí, že příkazy týkající se mezilidských vztahů jsou mnohem důležitější, než naše povinnosti vůči Stvořiteli. Společenské povinnosti totiž urychlují duchovní růst a vymýcení egoismu.

To, že jsme ještě nedosáhli třetího stadia nás nijak nesnižuje, protože dosažení tohoto stadia je jen otázkou času. Již dnes můžeme vnímat budoucnost, neboť naše schopnost vnímat budoucí závisí na naší víře v budoucnost. Ve výsledku pak zcela přesvědčený člověk začne zcela jasně vnímat třetí stadium. Jakmile se toto stane, je to jakoby naše tělo přestalo existovat.

Nicméně naše duše existuje věčně, protože je stejné podstaty jako Stvořitel (oproti mysli, která je výsledkem činnosti hmoty). Duše dosahuje Stvořitelových vlastností během svého vývoje, ačkoliv je její podstata tvořena vůlí přijímat potěšení.

Touha vytváří potřeby a potřeby stimulují patřičné myšlenky a vědomosti vedoucí k jejich uspokojení. Protože lidé mají různé tužby, je naprosto logické, že i jejich potřeby, myšlenky a vývoj se budou navzájem lišit.

Ti, kteří mají pouze přízemní potřeby budou napínat své úsilí k jejich uspokojení. Ačkoliv využívají svého intelektu a svých znalostí, slouží jen nízkému (zvířecímu) pudu. Lidé, kteří jsou založeni na svých ego-maniakálních tužbách po omezených potřebách jako je moc nad druhými, používají svou sílu, intelekt a vzdělání k tomu, aby tyto tužby uspokojili.

Touhou jiných lidí zase může být potěšení z používání vědomostí. Tito lidé musí k naplnění své tužby použít své mysli. Tyto tři touhy se ale ve své čisté formě nikdy neobjeví, protože jsou smíchané v různých vlastnostech nás všech. Tyto kombinace jsou důvodem, proč se lidé mezi sebou tolik liší.

Lidská duše procházející čistými světy (Světla) ABJA získává schopnost přijímat potěšení pro druhé a pro Stvořitele. Když duše vstoupí do těla, zrodí se touha po altruismu a usilování o Stvořitele. Síla tohoto usilování závisí na síle touhy.

Vše, čeho duše dosáhne ve druhém stadiu, zůstává jejím vlastnictvím navždy a nezávisle na stupni úpadku nebo stáří těla. Platí to i naopak, mimo tělo duše neustále přechází na odpovídající úroveň a vrací se ke svému Kořeni. Nesmrtelnost duše přirozeně nezávisí na znalostech, kterých dosáhla za svého života v hmotném těle. Její nesmrtelnost pramení pouze ze spojení s cestami Stvořitele.

Je známo, že během 6 000 let, které nám byly dány, abychom se pomocí kabaly napravili, nenapravujeme svá těla a jejich pochybné tužby, ale jen své duše tím, že je pozvedáme na úrovně čistoty a duchovního rozvoje. Přesto je konečná náprava egoismu možná jen ve stadiu nazývaném „vzkříšení mrtvých".

Jak jsme si již řekli, je pro první stadium nezbytné, aby se mohlo třetí stadium plně rozvinout. Proto první stadium vyžaduje „vzkříšení mrtvých", čili vzkříšení egoismu se všemi jeho nedostatky. Pak začíná dílo přeměny nedokonalého egoismu v altruismus. Tím získáváme dvě věci:
- Tělo projeví ohromnou touhu po potěšení;
- nebudeme se těšit pro nás samé, ale pro radost z plnění Stvořitelových přání. Je to jako bychom nepřijímali potěšení, ale jako bychom Mu dovolili nás potěšit. Jakmile jsme Stvořiteli podobni v činech, jsme s Ním sjednoceni. On nám dává útěchu a my mu to umožňujeme; takto „vzkříšení mrtvých" vyplývá z prvního stadia.

Jak nyní chápeme, mělo by se „vzkříšení mrtvých" objevit na konci druhého stadia poté, co bude egoismus vyhlazen a bude rozvinut altruismus a bude dosaženo nejvyššího duchovního stupně. V tomto stadiu duše dosáhne dokonalosti a umožní tak tělu zažít vzkříšení a úplnou nápravu.

Tento princip „vzkříšení mrtvých" je mimochodem efektivní v každé věci. Když chceme napravit své zlozvyky, vlastnosti nebo inklinace, musíme se jich zbavit úplně. Pouze tehdy je můžeme začít používat kýženým způsobem. Přesto dokud se negativ nezbavíme zcela, nemůžeme je využít ve vhodnějších, inteligentnějších a svobodnějších smyslu. Proto již chápeme svou roli v dlouhém řetězu reality, kde každý z nás představuje jeden článek.

Náš život se dá rozdělit do čtyř fází:
Dosažení maximální úrovně egoismu. Tato fáze pochází z temné soustavy ABJA. Naším úkolem je provést nápravu. Potěšení, které přijímáme z temných světů ABJA neuspokojí naši touhu po potěše, ale jen ji vystupňuje.

Například když si někdo přeje, aby jeho touha byla uspokojena, touha po uspokojení se zdvojnásobí. Když se zdvojnásobila, dojde k jejímu zčtyřnásobení. Pokud se za použití kabalistických metod nevzdáme zbytečných přání a neočistíme je, abychom je mohli přetvořit v altruismus, naše neuspokojená žádostivost bude sílit každým okamžikem našeho života. Nakonec na smrtelné posteli odhalíme, že jsme neuspokojili ani polovinu toho, co jsme chtěli.

Ačkoliv je úkolem temných sil dodávat nám materiál, na kterém máme pracovat, neustále čelíme skutečnosti, že jsme to především my sami, kdo je materiálem pro hrátky temných sil.

Ve druhém stadiu jeden čistý bod v našem srdci (který existoval už ve chvíli, kdy jsme byli duchovně zrozeni) získá pomocí světů Světla ABJA moc a možnost vystoupat dodržováním duchovních zákonů. Hlavním úkolem v tomto stadiu je dosáhnout a zvětšit touhu po maximálním duchovním uspokojení. Po narození chceme pouze hmotné věci: ovládnout celý svět, získat bohatství, moc a slávu, ačkoliv se jedná o vrtkavé a pomíjivé věci.

Avšak když se vyvine duchovní touha, chceme ovládat duchovní, věčné světy. To je však jak čistá tužba, tak naprostý egoismus. Zdokonalováním se a zdokonalováním této touhy po vlastním potěšení získáme duchovní výšiny odpovídající míře jakou jsme dokázali napravit svůj egoismus.

Egoismus vytváří obrovské překážky a odvrací nás od duchovního. Pokud ale se sebou nezačneme něco dělat, budeme touto touhou pohlceni a budeme chtít mít vše. Pokud však v zápase se sebou uspějeme, pocítíme neobvykle silnou lásku ke Stvořiteli, který nám pomáhá na naší cestě za sjednocením s Ním.

Tento boj není proti touhám, které v tomto světě známe a kterými jsme omezeni, když nás nutí ke správnému zaměřování našich přání. Spíše se snažíme, poté co jsme hloubali nad velikostí duchovna, věčnosti a mocnosti mimo čas a prostor, pěstovat touhu po duchovním a věčném. Tato touha po spojení se Stvořitelem je posledním stupněm druhé fáze.

Třetí fáze vývoje zahrnuje studium kabaly a dodržování zákonů Vyššího světa. V tom je nám pomáháno protiegoistickou obranou, která existuje, aby potěšila Stvořitele, a která pro svůj prospěch neudělá vůbec nic. Toto dílo opravuje a transformuje egoismus v touhu po konání dobrých skutků, jako to dělá Stvořitel.

Za odstranění egoismu obdržíme duši určité úrovně, určité množství Světla a určité množství radosti sestávající z pěti částí: *Nefeš, Ruach, Nešama, Chaja, Jechida* (NRNCJ). Dokud si ponecháme egoistickou touhu po sebeuspokojení (egoismus), zůstaneme Stvořiteli vzdáleni a dokonce ani nejmenší část naší duše nebude schopna vstoupit do našeho těla.

Avšak po úplném zničení ega a dosažením touhy těšit Stvořitele (tím, že Ho budeme napodobovat) nás okamžitě přijme celá naše duše (část všeobecné společné duše).

Čtvrtá fáze nastane po „vzkříšení mrtvých", kdy po úplném přemožení egoismu přijde jeho obnova. Práce na jeho přeměně v altruismus začne nanovo, ale tento úkol bude schopno dokončit jen nemnoho lidí. Kabala tvrdí, že všechny světy byly stvořeny pro dobro lidí (ve smyslu „lidstva").

Není však i přesto zvláštní, že Stvořitel se obtěžoval tvořením všeho kolem nás pro tak malou bytost, jakou je člověk, který se ztrácí nejen v tomto hmotném světě, ale dokonce i ve všech ostatních duchovních světech? Proč by vůbec lidstvo mělo potřebovat stvoření?

Stvořitelovo potěšení, které plyne z osvícenosti jeho stvoření, závisí na tom, jak moc jsou stvořené bytosti schopny vnímat a rozlišovat. Závisí to však také na tom, jak moc si Ho uvědomujeme jako dárce všeho dobrého. Pouze tak Ho dokážeme potěšit. Podobá se to rodiči, který když si hraje s dítětem, má radost, že dítě má zájem o jeho hru. Rodič je rozradostněn, že ho dítě vnímá jako milujícího a silného otce či matku, jež plní dítěti všechna jeho přání.

Zkuste si představit, jak nesmírná musí být radost, kterou Stvořitel cítí z napravených, kteří vystoupali tak vysoko a kteří uznávají a zakouší vše, co pro ně Stvořitel připravil. Vytvářejí se Stvořitelem vztah, který se podobá vztahu mezi milujícím rodičem a milovaným dítětem. Teprve díky tomuto vztahu si opravdu uvědomíte, že Mu stálo za to, aby pro nás vytvořil celé stvoření a pár vyvolených porozumí ještě více z toho, co ti, kteří se snaží přiblížit ke Stvořiteli, postupně odhalují.

Aby své stvořené bytosti připravil na zjevení světů, dostali jsme od Stvořitele čtyři roviny vývoje: neživou, rostlinnou, živočišnou a lidskou. Ty odpovídají čtyřem úrovním vůle přijímat potěšení. Nejvyšší rovinou je čtvrtá – lidská. Ta je však přístupná jen postupným vývojem, díky kterému dokonale ovládneme každou předchozí rovinu.

První rovina (neživá) je počátkem manifestace, v našem světě je touha počata právě na této úrovni. Její oblast moci zahrnuje všechno neživé, přičemž žádný z prvků tvořících tuto přírodu (například kámen) se nemůže svobodně hýbat. Touha po radosti přináší potřeby a ty vyvolávají pohyb směrem k jejich naplnění. V tomto případě (na první rovině) je vůle k radosti velmi slabá. Proto ovlivňuje pouze všechny své předměty najednou a neprojevuje se v žádném z nich jednotlivě.

V další rovině (rostlinná) je vůle k radosti mnohem větší a již se v jednotlivých částech této roviny projevuje. Proto i jednotlivé stavební kameny této roviny mají schopnost svobodného pohybu (například rostlina otevírající své okvětní lístky nebo se obracející ke slunci). Tato rovina také zahrnuje schopnost vstřebávání a vyměšování, avšak bytosti na této úrovni stále postrádají smysl pro svobodnou vůli.

Na třetí rovině (živočišné) je vůle k radosti ještě silnější, než v předchozí rovině. Touhy vytváří v každém jednotlivém prvku této roviny vlastní vnímání a jedinečný život každého z nich, takže se jeden odlišuje od druhého. Přesto ale na této rovině chybí schopnost empatie a soucítění s druhými. Bytí na této úrovni postrádá nezbytný soucit či radost.

V poslední čtvrté rovině (lidské) vytváří vůle k radosti smysl pro druhé. Rozdíl mezi třetí a čtvrtou úrovní je například podobný rozdílu mezi všemi zvířaty dohromady a jediným člověkem. To je dáno především tím, že zvířata nemají smysl pro druhé a nejsou schopna ovládat svůj pud.

Člověk, který vnímá druhé, zároveň vnímá i jejich potřeby, a proto se mnohdy stává závistivějším a chce víc a víc, a to do té míry, že nakonec chce mít celý svět.

Cílem Stvořitele je potěšit stvořené bytosti, aby mohly odhalit Jeho velikost a získat vše radostné, co pro ně Stvořitel připravil. Řekněme si to na rovinu: tento úkol může splnit jen a pouze člověk. Pouze lidé mají nezbytné vybavení v podobě citu pro druhé a pouze lidé jsou schopni dodržováním zákonů kabaly v procesu sebezdokonalení přeměnit vůli přijímat potěšení pro sebe na touhu potěšit druhé.

Dosáhnutí takových schopností s sebou nese také vnímavost pro duchovní světy a Stvořitele. Dosažením každé úrovně z NRNCJ (Světla) v jednotlivých duchovních světech člověk získává patřičnou odměnu odpovídající účelu stvoření.

Můžeme se zdát maličcí a naprosto bezvýznamní, ale jsme stále lidstvem, které je středem a smyslem stvoření. Jsme jako červ žijící v jablku, který věří, že celý svět je sladký a malý jako jablko, v němž se narodil. Jakmile si však prokouše cestu ven a rozhlédne se, celý užaslý zvolá: „Já hlupák si myslel, že svět je jako mé jablko, ale teď vidím, že svět je plný krás!"

Stejným způsobem uvažujeme i my, kteří jsme se narodili do jablka egoismu a přejeme si jen uspokojit své touhy. Bez kabaly, nástroje naší nápravy, ale nejsme schopni dostat se na hranici našich omezených světů. Nemůžeme přeměnit touhu uspokojovat své potřeby v touhu uspokojovat potřeby druhých a potěšit Stvořitele. Proto se také domníváme, že celý svět je pouze tím, co jsme schopni vidět a vnímat, a proto selháváme ve snaze získat to dobré, co pro nás Stvořitel připravil.

Vše, co bylo stvořeno, je rozděleno do pěti světů: *Adam Kadmon, Acilut, Berija, Jecira* a *Asija*. Nicméně každý z nich sestává z nekonečného počtu dalších elementů. Pět světů odpovídá pěti *sefirám*: *Adam Kadmon* odpovídá *sefiře Keter*; *Acilut* odpovídá *sefiře Chochma*; *Berija* odpovídá *sefiře Bina*; *Jecira* odpovídá *sefiře Tiferet* a *Asija* odpovídá *sefiře Malchut*.

Ze Světla (potěšení), které vyplňuje světy, odvozujeme odpovídajících pět částí: *Jechida, Chaja, Nešama, Ruach* a *Nefeš* (pozpátku vytváří zkratku NRNCJ).

Protože je svět *Adam Kadmon* naplněn Světlem zvaným *Jechida*. Svět *Acilut* je naplněn světlem *Chaja*; *Berija* zase *Nešama*; *Jecira* je naplněn Světlem *Ruach*; svět *Asija* je naplněn Světlem *Nefeš* (viz tabulku 1).

Ze stvořitele vznikly světy. Proto i ze Stvořitele pochází jak vůle k sebeuspokojení, tak vůle k uspokojení druhých. Ještě navíc je ale každý svět rozdělen do *sefirot*: *Keter, Chochma, Bina, Tiferet* a *Malchut*, které jsou naplněny jim odpovídajícím Světlem NRNCJ (viz tabulku 1).

Navíc jsou ještě v každém světě čtyři další roviny: neživá, rostlinná, živočišná a lidská. Paláce (*Hejchalot*) odpovídají neživotné přírodě; oděvy (*Levušim*) odpovídají rostlinné říši; andělé (*Malachim*) životné přírodě a lidské duše (*Nešama*) odpovídají sféře lidí.

Tyto sféry jsou rozmístěny jedna uprostřed druhé v soustředných kruzích (jako slupky cibule).

- Nejvnitřnější je *sefira Keter*. Ta ovlivňuje ten který svět jako Stvořitel.
- *Nešamot* (duše lidí, kteří v daném světě existují) ji obklopují (oblékají).
- Pak následují vrstvy *Malachim, Levušim* a *Hejchalot*.

Svět	Prvotní Světlo světa	Sefirot světa (hlavní sefira je vytučněná) a Světlo je vyplňující
Adam Kadmon	Jechida	**Keter** *(Jechida)*, Chochma *(Chaja)*, Bina *(Nešama)*, Tiferet *(Ruach)*, Malchut *(Nefeš)*
Acilut	Chaja	Keter *(Jechida)*, **Chochma** *(Chaja)*, Bina *(Nešama)*, Tiferet *(Ruach)*, Malchut *(Nefeš)*
Berija	Nešama	Keter *(Jechida)*, Chochma *(Chaja)*, **Bina** *(Nešama)*, Tiferet *(Ruach)*, Malchut *(Nefeš)*
Jecira	Ruach	Keter *(Jechida)*, Chochma *(Chaja)*, Bina *(Nešama)*, **Tiferet** *(Ruach)*, Malchut *(Nefeš)*
Asija	Nefeš	Keter *(Jechida)*, Chochma *(Chaja)*, Bina *(Nešama)*, Tiferet *(Ruach)*, **Malchut** *(Nefeš)*

Tab. 1

Neživá, rostlinná a živočišná sféra jsou stvořeny jen pro uspokojení čtvrtého stupně: pro lidskou duši. Proto to vypadá, jako by lidská duše tyto sféry obalovala zvenčí. Od narození jsme součástí původní obecné duše. Ta představuje jakousi část našeho srdce a je skryta v našich přáních a egoismu. Celé stvoření je založeno na obecném příkazu, který panuje na všech rovinách každého světa a to dokonce i v těch nejmenších částečkách.

Například vše, co existuje, je rozděleno do pěti světů, či *sefirot*: *Keter, Chochma, Bina, Tiferet* a *Malchut*. Každý jednotlivý svět sestává z pěti *sefirot*, které tvoří strukturu i toho nejmenšího předmětu.

Jak jsme si již řekli, je náš svět rozdělen do čtyř rovin: neživé, rostlinné, živočišné a lidské. Ty odpovídají *sefirot Malchut, Tiferet, Bina, Chochma* a jejich kořen je *Keter*.

Navíc je každá část neživé, rostlinné, živočišné nebo lidské sféry rozdělena do čtyř dalších úrovní (neživé, rostlinné, živočišné a lidské) podle intenzity touhy. Proto se i lidská touha skládá ze čtyř rovin: neživé, rostlinné, živočišné a lidské, přičemž duše je středem každého tohoto světa, respektive úrovně.

Pokud by se třeba člověk rozhodl dodržovat duchovní zákony bez toho, aby lnul ke Stvořiteli, coby vládci všeho existujícího (čili bez uznání a pokory, protože Ho nemůže vnímat), pokud tedy člověk chce pro sebe utržit veškerou odměnu, i tak směřuje k altruismu, protože samotné dodržování duchovních zákonů vede k rozvoji onoho bodu v našem srdci, který se tak začne rozvíjet.

To je právě tím, co činí kabalu a její důraz na dodržování duchovních zákonů tak fascinující, neboť samotné dodržování příkazů vede, nezávisle na egoistickém zájmu, k očištění a tím k následnému pozvednutí studenta, ačkoliv jen do první, neživé úrovně.

Navíc k tomu, že jsme pozvednuti do duchovní úrovně, čili nad hmotnou, a že směřujeme k altruismu, měníme i své touhy, čímž tvoříme základy této nové úrovně. Duše se pak pozvedá a odívá se do *sefiry Malchut* světa *Asija* a naše tělo podle toho začíná vnímat přicházející Světlo patřící k této úrovni. Toto Světlo nám pak pomáhá v dalším vývoji na vyšší úrovně.

Stejně jako v čase našeho duchovního zrození v našem srdci existovalo místo patřící Světlu *Nefeš*, tak toto místo existuje uprostřed místa *Nefeš* světa *Asija* i pro *Ruach* světa *Asija*.

Totéž se odehrává na každé další úrovni: po zvládnutí jedné roviny přecházíme do roviny následující, vyšší. Toto je naše jediné spojení mezi vyššími a nižšími rovinami. Skrze tento bod ve svém srdci se můžeme dostat až k samotnému Stvořiteli.

Světlo *Nefeš* světa *Asija* je označováno jako „světlo neživotné sféry světa *Asija*", neboť je spojeno s neživotnými tužbami těla. Člověk na této úrovni se v duchovním světě podobá částem neživotné přírody v našem světě. Tak jako tak je tedy naprosto vyloučena možnost samostatného pohybu a jediný pohyb může proběhnout jedině na všezahrnující úrovni neživotných objektů a tužeb.

Přesně podle 613 duchovních zákonů se to, co nazýváme *Nefeš* světa *Asija* skládá z 613 částí připomínajících orgány těla. Každý z nich má jedinečnou schopnost vnímat stvořitelovo Světlo. Přesto rozdílnost mezi jednotlivými orgány je naprosto zanedbatelná, pročež kabalista vnímá Světlo jako celek, který proudí celým jeho tělem. Přestože mezi *sefirami* samými, počínaje *Keter* (světa *Adam Kadmon*) a *Malchut* (světa *Asija*) konče, není jediného rozdílu, osoba, která je vnímá, je vidí rozdílně díky množství Světla, které je schopna přijmout.

Sefirot jsou rozděleny do nádob, které jsou naplňovány Světlem. Světlo pramení ze samotného Stvořitele. Nádoby se často nazývají jako *sefirot Keter, Chochma, Bina, Tiferet* a *Malchut*. V posledních třech světech *Berija, Jecira* a *Asija* tyto nádoby fungují jako filtry blokující a příjemci skvěle odměřující podíl Světla.

Díky tomu každý dostává tolik, kolik si na základě svého duchovního rozvoje zaslouží. Ačkoliv je Světlo samo o sobě homogenní, z pohledu příjemce musíme o světlu hovořit podle úrovně, na níž se nachází, jako o Světlu NRNCJ. Na těchto úrovních totiž bývá světlo ovlivňováno filtry (nádobami), kterými prochází.

Malchut je nejhustší filtr. Světlo, které z něj prochází, je slabé a je určeno k nápravě neživé části těla; proto jej nazýváme „světlo *Nefeš*".

Tiferet je mnohem propustnější než *Malchut*; proto jím také prochází více Světla, které přichází od Stvořitele, aby pomáhalo v nápravě rostlinné sféry těla. Je mnohem intenzivnější než Světlo *Nefeš* a je nazýváno *Ruach*.

Bina je průhlednější než *Tiferet*. Prochází jí Světlo, které má napravovat živočišnou část našeho těla a je nazýváno *Nešama*.

Chochma je nejprůhlednější filtr. Prochází jí Světlo, které pozvedá úroveň lidí. Je nazýváno „Světlo *Chaja*" a jeho moc je neomezená.

Jak již bylo vysvětleno, pokud jsme dosáhli úrovně *Nefeš* (s pomocí kabaly), je cíl další roviny (*Ruach*) již přítomen v nás. Pokud pokračujeme v růstu skrze kabalistické metody, dosáhneme rostlinné úrovně, která pak roste do *sefiry Tiferet* světa *Asija*. To nám dává mnohem mocnější Světlo (*Ruach*) rostlinné sféry světa.

Tak jako jsou rostliny v našem světě v porovnání s neživou sférou schopny samostatného pohybu, tak zakouší člověk na prahu duchovního rozvoje probuzení duchovních sil a možnosti duchovního pohybu. A tak když dokončí sféru *Ruach*, je již připraven na oblast *Nešama*, kterou již má v sobě připravenu.

Studiem kabalistických tajemství člověk pozvedá svá přání na úroveň živočišné sféry. Když dokončí stavbu nádoby, stoupá a odívá se do *sefiry Bina* světa *Asija* a získává *Nešama*. V té chvíli je tento člověk označován jako „čisté zvíře" (očištěné zvíře), neboť očistil zvířecí část svého těla.

Stejně jako zvíře dostává i člověk schopnost vnímat jedno každé z 613 přikázání, protože stejně jako zvíře je i člověk schopen samostatného pohybu. Světlo, které taková osoba přijímá, se od zvířecího Světla však odlišuje tolik, jako se zvířecí Světlo odlišuje od rostlinného.

Poté, co si dokonale osvojí 613 tužeb (částí nádob) a obdrží z každé části svůj podíl Světla, pokračuje člověk v práci sebezdokonalování. Stejné Světlo se používá k očišťování lidských tužeb, které pochází z oblasti, jež se objeví po vybudování nádoby *Nešama*.

Jakmile jsme vybudovali odpovídající tužbu na úrovni lidí, dosáhneme schopnosti obsáhnout přání druhých lidí a číst myšlenky našich bližních. Množství přijatého Světla se odlišuje od množství na předchozím stupni stejně, jako se člověk v našem světě odlišuje od zvířete.

A přesto přese všechno je těchto pět stupňů pouze součástí světa *Asija*, čili *Nefeš*. Neobsahují tedy nic z *Ruach*, protože *Ruach* je součástí

Světla ve světě *Jecira*, *Nešama* – ta je ve světě *Berija*, *Chaja* – ta je ve světě *Acilut* a *Jechida* – ta je ve světě *Adama Kadmona*. Přesto je vše, co existuje vlastně součástí všeho ostatního, čili ve všech ostatních částech. Jinak řečeno je těchto pět typů Světla přítomno ve světě *Asija*, byť třeba v nejmenší, neživé součásti *Nefeš*.

Ve světě *Jecira* těchto pět druhů Světla existuje na úrovni *Ruach*. Ve světě *Berija* je NRNCJ na úrovni *Nešama*; ve světě *Acilut* je NRNCJ na úrovni *Chaja* a ve světě *Adama Kadmona* je NRNCJ na úrovni *Jechida*. Rozdíl mezi nimi je stejný, jako je rozdíl mezi úrovněmi NRNCJ ve světě *Asija*.

Čili všechno závisí na duchovním růstu každého jednotlivce, který se snaží dosáhnout Vyšších světů, a tím pádem napodobit jejich vlastnosti. Podobně se ale tito jednotlivci stávají integrální součástí těchto světů, což mimo jiné vysvětluje i to, proč tyto světy byly stvořeny a proč je potřebujeme.

Je pravdou, že bychom nebyli schopni spojit se se Stvořitelem, kdyby nebylo neustálého vzestupu po rovinách NRNCJ. Tím, že jsme součástí každé roviny, získáváme Světlo, které nám pomáhá přemoci egoismus a sloučit své tužby se smyslem stvoření, čili s napodobením a přilnutím ke Stvořiteli.

Je důležité chápat, že NRNCJ tvoří celý systém rozdělení stvoření na pět částí. To, co funguje ve velkém, pracuje i v tom nejmenším stejným způsobem. Tedy i nejnižší část světa *Asija* je tvořena pěti základními elementy, čili NRNCJ. Je tomu tak proto, že i ta nejmenší částečka je složena z pěti částí: *Keter* (zastupuje Stvořitele), *Chochma, Bina, Tiferet* a *Malchut* (čtyři úrovně stvoření). Navíc je uspokojení, které je řídí, také složeno z pěti druhů Světla NRNCJ.

Z toho vyplývá, že dokonce ani Světlo duchovně neživotného světa *Asija* nemůže být dosaženo bez projití těmito čtyřmi úrovněmi. Nikdo by tedy neměl opouštět studium kabaly a dodržování duchovních zákonů konáním dobrých skutků. Nikdo totiž nemůže ani dosáhnout úrovně *Ruach* nebo úrovně *Nešama* bez toho, aby studoval tajemství kabaly.

Naše generace je stále sevřena temnotou. Nicméně důvodem toho je všeobecně zřejmý úpadek víry a nedůvěra v moudrost učenců. Nejočividnějším příkladem tohoto úpadku jsou nejrůznější kabalistické knihy, které se jen hemží materialistickými příměry.

Kvůli tomu ostatně vznikla i potřeba udělat úplný komentář ke knize *Zohar*, tedy práci, která by měla zachránit kabalu před desinterpretacemi. Tento komentář je nazýván *Sulam* (což znamená *žebřík*), protože studentům pomáhá postupně vystoupat po svých příčkách a dosáhnout nejzazších duchovních výšin. Všechno závisí jen na touze studenta dosáhnout hlubin stvoření a najít své místo v něm.

Smysl existence kabaly si můžeme vysvětlit následujícím příměrem: Kdysi kdosi z velmi vzdáleného Království porušil zákon a podle králova rozhodnutí byl vyhnán ze země. Opustil své přátele, rodinu a vše, co měl rád. Nejprve ho jeho nové místo vůbec netěšilo, ale postupně, jak je tomu se všemi věcmi, si na nový domov zvykl a zcela zapomněl, kde se narodil a kde kdysi žil. Nevzpomněl si ani na to, že byl vyhnán a že měl někdy domov úplně jinde. Postavil si nový dům, založil novou rodinu a našel nové přátele. Jednoho dne však našel knihu o svém původním Království. Vzpomněl si, jak se staré věci měly a jak krásný život žil. Když pak nad knihou rozjímal, porozuměl tomu, proč byl vyhnán a jak by se mohl vrátit.

Toto Království je duchovní svět, kde je pro ty, kdo dodržují zákony Skvělého Krále, všechno skvělé. Exil je náš svět. Kniha, skrze kterou se může každý rozpomenout na to, co zapomněl, díky níž najde domov své duše a uvědomí si, proč byl vyhnán, a prostřednictvím níž se bude moci navrátit zpět je *Kniha Zohar*!

Pokud je však *Zohar* natolik důležitý, že je schopen nám pomoci dosáhnout horních světů, vidět a cítit svět našich duší a Stvořitele, proč byl před námi tolik let – od časů svého napsání až po objevení Ariho kabalistických metod – skryt?

Odpovědí na tuto otázku je sama kabala: během 6 000 let její existence je svět tvořen deseti *sefirami*, kde *Keter* hraje roli zástupce Stvořitelovy vůle a ostatní *sefirot* se dělí na tři skupiny (viz obr. 3):
- Hlava: *Chochma, Bina, Daat*;
- Tělo: *Chesed, Gevura, Tiferet*;
- Nohy: *Necach, Hod, Jesod*.

Oněch 6 000 let je také rozděleno na tři části:
- 2 000 let – temnota;
- 2 000 let – přípravné práce;
- 2 000 let – čas Mesiáše (vykoupení)

První 2 000 let je označováno jako hlava, což znamená, že v tomto období je na svět přiváděno minimum Světla (*Nefeš*), protože jsou *sefirot* vůči Stvořitelově Světlu, které je naplňuje, převráceny. První skupina (vyšší *sefirot*) *Chochma, Bina, Daat* je sice přítomna, avšak dostávají jen minimální dávku Světla. Toto období je nazýváno dobou temna.

Během druhé dvoutisícileté periody, během které došlo k rozvoji *sefirot Chesed, Gevura* a *Tiferet*, sestoupilo Světlo *Nešama* do této skupiny a vyšší *sefirot* (*Chochma, Bina, Daat*) naplnilo Světlo *Ruach*. Toto období dalších 2 000 let je známo jako období darování Tóry.

Třetí skupina *sefirot Necach, Hod* a *Jesod* je účastna v dalších 2 000 letech. Světlo *Nefeš* sestoupilo z druhé skupiny do třetí, Světlo *Ruach* z první do druhé skupiny a Světlo *Nešama* vstoupilo do první skupiny.

Veškerá moudrost kabaly a *Zoharu* obzvlášť byla lidstvu skryta před objevením se třetí skupiny. Ari nám odhalil *Zohar*. Jeho komentář nám ukázal cestu k dosažení duchovního světa. Ari odešel ještě před koncem této periody, čili ještě před tím, než Světlo vstoupilo do třetí skupiny. V té době však směly kabalu studovat jen ty nejvznešenější duše, protože kabala světu ještě nebyla známa. Dnes, když se blížíme ke konci

Keter	– Vliv Stvořitele
Chochma	
Bina	Temnota
Daat	0–2 000 (Hlava)
Chesed	
Gevura	Příprava
Tiferet	2 000–4 000 (Tělo)
Necach	
Hod	Dny Mesiáše
Jesod	4 000–6 000 (Nohy)

Obr. 3

třetího období, jsme již připraveni přijmout ucelený komentář *Sulam* a systematickou učebnici kabaly zvanou *Talmud Eser Sefirot* (Studium deseti *sefirot*).

Ačkoliv duše žijící během první a druhé dvoutisícileté periody byly velmi ušlechtilé a odpovídaly horním sefirám (*Chochma, Bina, Daat, Necach, Gevura* a *Tiferet*), nebyly schopny přijmout patřičné Světlo, protože to ještě nedosáhlo našeho světa. Jak ale dosvědčují současné události, sestupují do našeho světa nejnižší duše, avšak i přesto jsou to právě ony, kdo dokončí dílo. Vyšší Světlo vstupuje do duší, které již stačily vystoupat do Vyššího světa, jehož světlo nás dosahuje coby Světlo obklopující.

Ačkoliv duše prvních generací nás kvalitativně nesmírně přesahovaly, protože to byly čisté duše, kdo se ve světě objevil první, je kabalistická nauka, její vnitřní skrytá část (stejně jako ostatní vědění) odhalena právě posledním generacím, protože toto odhalení závisí na množství sestoupivšího Světla.

Čím nižší je duše, tím silnější je Světlo, které vstupuje do našeho světa. To proto, že nižší Světlo může sestoupit z vyšších pozic na nižší *sefirot* a Vyšší Světlo může posléze zaplnit uvolněné místo ve vyšších *sefirách*.

Dokončení nápravy se váže na *sefiry* (duše) a na mentální dodržování (zachování úmyslu), které odpovídá Světlu vstupujícímu do duší. Stejná závislost platí i obráceně mezi *sefirami* a Světlem, stvoření počalo Vyššími *sefirami*, naplnilo se spodním Světlem a skončilo s nejnižšími *sefirami* zaplněnými horním Světlem. Proto je to právě spodní duše, která dostává horní Světlo, ale samozřejmě jen pokud se zabývá studiem kabaly.

Studium *Zoharu* a kabaly samotné je počátkem naší nápravy a nápravy celého světa, jakož i počátkem absolutního pokoje a štěstí.

11.

**Z ÚVODU KE STUDIU
DESETI SEFIROT**

V Úvodu do deseti sefirot Baal HaSulam (Rabi Jehuda Ašlag) vysvětlil, že jeho hlavním důvodem pro napsání komentáře bylo, aby prorazil železnou oponu oddělující nás od kabaly a zabránil vymizení kabaly z našeho světa. Přestože od té doby bylo vzneseno mnoho námitek proti kabale, všechny pramení jen z naprosté neznalosti smyslu kabaly.

Baal HaSulam nám vysvětlil, že pokud se ptáme sami sebe: „Co je smyslem našeho života, tohoto dlouhého, hořkého a bolestného zápasu s potížemi? Pro koho je to dobré? Co po nás Stvořitel žádá?", nakonec nás kabala přivede k prostému: „Ochutnej a věz, že Pán je dobrý." (což odkazuje na vnímání Stvořitele skrze studium kabaly). Z toho vidíme, že On je neskutečně laskavý, že nám poskytl celý svět jen proto, abychom se z něj mohli těšit a že nám dal kabalu, abychom mohli svět obsáhnout. To vše pocítíme ještě za života v tomto světě. Kabala nás motivuje „zvolit si život", zvolit si dobré, nikoliv smrt, čili hořkou a nesmyslnou existenci. Je řečeno: „zvol si", což znamená, že máme svobodu volby.

V dřívějších kapitolách jsme si již vysvětlili, že veškerá svoboda volby, kterou máme, spočívá v možnosti zvolit si mezi dvěma cestami: cestou duchovního rozvoje (cestou kabaly) a cestou utrpení. Cíl leží v odstranění egoismu a dosažení lásky.

Jak toho můžeme dosáhnout? Vždyť je psáno: „Spi na zemi, spokoj se s chlebem a vodou a budeš šťastný ve světě tomto i budoucím." Tímto způsobem můžeme dosáhnout duchovní podstaty, spojení s horními světy a pak také pocítit Stvořitelovu laskavost.

Avšak stále jen výjimeční lidé (duše) mohou touto cestou dosáhnout cíle. Proto nám byla dána jiná možnost, jak dojít, kam dojít máme: studium kabaly. Její Světlo zasahuje duši a obrací ji na správnou cestu. Pokud se tak děje, sledujeme cestu přilnutí skrze srdce a mysl, nikoliv skrze fyzické utrpení.

Světlo kabaly však dokáže ovlivnit jen a pouze ty, kteří jsou věrní duchovním zákonům a oddaní Stvořiteli, čili těm, kteří věří, že On je dobrý. Základním předpokladem pro následování této cesty je věřit ve Stvořitele, což je vlastnost měřená časem a úsilím na této cestě strávené.

Tím se však náš úkol zhušťuje jen na dosažení maximální důvěry ve Stvořitelovu ochranu, lásku a sílu, kterou dává těm, kteří se k Němu přibližují. Víra nemůže být naučena, ani získána z jiného zdroje, než z kabaly. Hlavní význam kabaly je v přímém studiu činů Stvořitele. Proto také horní Světlo, které ze studia kabaly přichází, nás rychleji napravuje a je intenzivnější.

Moudrost kabaly sestává ze dvou částí: skryté části, jež nebyla nikdy nikde zapsána, ale je předávána výhradně ústně; a odhalené části, která byla v mnoha knihách vysvětlena. Člověk by měl studovat odhalenou tradici, protože dosažení cíle závisí jen na ní.

Vliv horního Světla je positivní jen tehdy, je-li cílem studenta kabaly vykořenit svůj egoismus a splynout se Stvořitelem. Není možné dosáhnout kýženého cíle lusknutím prstů, je třeba neustále sledovat cestu a jít po ní. To platí tím víc pro studium horních světů a činů Stvořitele. Právě tímto způsobem student dosahuje toužení po splynutí s tím, co studuje.

Naše vzdálenost od duchovního světa je příčinou bolestí, potíží a útrap. Naše vlastní nepochopení toho, jak celý svět funguje, a naše neschopnost vnímat Stvořitele nás vede k nepochopení Jeho záměrů. Avšak pokud by byly Stvořitelovy záměry prozrazeny, pokud by okamžitě za každý náš čin následovala odměna a za zločin trest, pak by dozajista byl každý člověk spravedlivý!

Proto jediné, co postrádáme, je konkrétní vnímání (vyššího) řízení. Dosažení tohoto uvědomění se odehrává ve čtyřech fázích:
- dvojité skrytí Stvořitelových činů;
- prosté skrytí Jeho činů;
- příčina a následek, odměna a trest fungují zcela zjevně;
- absolutní odhalení, kdy je naprosto jasné, že vše, co je, existuje pro dobro všeho stvořeného – ať je to dobré nebo špatné.

Na počátku je Stvořitel skryt dvojnásob. Člověk v tomto stavu není schopen vidět svět jako výsledek Stvořitelova činu a vnímá jen přírodu. Prosté skrytí je pak stav, kdy je člověk stíhán jednou pohromou za druhou, protože je Stvořiteli stále vzdálen. Lidstvo v tomto stavu věří, že vše závisí na něm stejně jako na Stvořiteli. V tomto stavu ale člověk už začíná věřit v něco vyššího.

Tato dvě stadia představují hlavní část v díle přilnutí ke Stvořiteli, protože kvůli Stvořitelově skrytí je možné spoléhat na svobodnou vůli.

Jakmile se člověk odváží vykročit ke Stvořiteli a věří, že On je ve všech činech, pak se mu Stvořitel postupně sám zjeví. V tomto stavu člověk jasně vnímá zákon příčiny a následku a snaží se přemoci svůj egoismus, neboť chápe, že je to dobré. Pochopitelně se v tomto bodě nikdy člověk neobrátí zpět, protože by mohl následovat trest.

Zatímco tedy člověk pokračuje na sebeočišťování, začíná ke Stvořiteli cítit absolutní lásku a tím s Ním splývá. To je vrcholný cíl každého jednotlivce. Všechny světy a síly, které je řídí, byly stvořeny právě kvůli tomuto úkolu.

Je psáno: „Dosáhni svého světa a pohlédni na něj ještě za svého života." To je odměna za dlouhou a náročnou cestu temnotou, za stav, v němž byl Stvořitel skryt a kdy jsme museli používat sílu své vůle v boji s přírodou a společností, abychom ve svém hledání Stvořitele překonali bariéru mezi naším a duchovním světem. Avšak čím více překážek a čím delší cestu musíme překonat, tím silnější je náš pocit vzájemné lásky.

Tento cíl bychom měli mít během studia kabaly opravdu stále na paměti, protože jedině tak je možné uspět. V opačném případě by se studium mohlo obrátit proti nám a zvýšit míru naší sobeckosti. Proto je pro ty z nás, kteří jsme vzdáleni od Stvořitele, tolik důležité, abychom studovali kabalu popisující Stvořitelovy činy, myšlenky a cíle. Pomáhá nám to lépe Ho poznat, přičemž skrze toto poznání Ho začínáme milovat a usilovat o Něj. Přestože všichni začínáme ve stejné pozici, je každý z nás povinen dosáhnout lásky ke Stvořiteli a splynutí s Ním.

V čase, než nám byla kabala dána, musel projít z roviny svého stvoření ve světě *Acilut* velkým počtem omezení. Avšak její podstata zůstala nezměněna. Čím nižší je úroveň stvořených bytostí, tím důležitější je kabala. Pomáhá jim totiž osvobodit se z okovů těla spoutaného železnými okovy svých přání.

V našem světě je kabala skryta pod nejrůznějšími obaly (příroda, živé bytosti, čas), které jsou ovládány ze světa *Acilut*. Tyto obaly, či slupky jsou zdrojem našeho utrpení, protože nám zastírají pravdu.

Slupky a skrytá část světů *Berija, Jecira* a *Asija* se nazývají kabala, přičemž slupka našeho světa je „odhalenou naukou". Dokud člověk nevstoupí do slupky světa *Jecira*, pracuje – bez ohledu na téma studia – se skrytou naukou kabaly. Jakmile však vstoupí do *Jecira*, odhaluje kabalu a Světlo osvětluje dosud neznámé významy.

Takto se člověk začíná učit kabalu od tajemství, až po zjevnou skutečnost. To ostatně odpovídá dvojitému a prostému utajení Stvořitele ve světě *Asija*, odhalení ve světě *Jecira*, dosažení lásky ke Stvořiteli ve světě *Berija* a splynutí v naprosté lásce k Němu ve světě *Acilut*. Ariho kniha *Strom života* byla napsána proto, aby pomáhala lidstvu dosáhnout Stvořitele bez bolesti, s důvěrou a v celku.

12.

PODMÍNKY K DOSAŽENÍ KABALISTICKÝCH TAJEMSTVÍ A MOUDROSTI

Existují celkem tři důvody, proč kabalu držet v tajnosti:
- Není nutné ji odhalit.
- Je to nemožné.
- Je to Stvořitelovo osobní tajemství.

Každá jednotlivost v kabale je podřízena těmto třem důvodům. To, že **není nutné ji odhalit**, znamená, že z odhalení by neplynulo nic dobrého. Jediná možná dobrá věc by mohl být prospěch společnosti. Lidé žijící podle principu „A co jako?" (udělal jsem, co jsem udělal a nikomu jsem tím neublížil) se zabývají – a nutí také ostatní, aby se zabývali – zbytečnými podrobnostmi. Tito lidé jsou zdrojem mnohého utrpení ve světě, a proto kabalisté přijímali jen ty studenty, kteří dokázali držet jazyk za zuby a zdržovali se zbytečného žvanění.

To, že je **nemožné ji zveřejnit**, zase znamená, že nemáme dostatečně dokonalý jazyk, abychom dokázali popsat subtilní duchovní koncepty. Protože jsou tedy všechny verbální pokusy o sdělení předem odsouzeny k zániku a vedou k mylným závěrům, které studenta jen svádí na scestí, vyžaduje odhalení takovýchto tajemství zvláštní vlohy dané shora.

Zvláštní vlohy dané shora jsou popsány v pracích velkého kabalisty Ariho: „Věz, že duše velkých kabalistů jsou naplněny všeobklopujícím Světlem, či vnitřním Světlem. Duše naplněné všeobklopujícím světlem mají dar vykládat tajemství tím, že jim dají formu slov a že jim je schopný porozumět ten, kdo je toho hoden."

„Duše velkého kabalisty Rašbiho (rabi Šimon bar Jochaj, který žil ve 2. století př. n. l.), autora *Zoharu*, byla naplněna všeobklopujícím Světlem, a proto měl moc vysvětlovat tajemství universa takovým způsobem, že když promluvil před Velkým Shromážděním, nikdo, kromě pár hodných, mu nerozuměl. Proto také jen on dostal povolení napsat *Knihu Zohar*. Ačkoliv kabalisté žijící před ním byli mnohem znalejší než on, neměli jeho dar odívat duchovní skutečnosti do slov."

Z toho vidíme, že podmínky pro šíření kabaly nezávisí jen na poznání kabalisty samotného, ale také (a především) na vlastnostech kabalistovy duše. Pouze díky těmto vlastnostem kabalista může dostat povolení shora, aby zveřejnil určitý kabalistický oddíl.

Je tomu tak proto, že kromě *Zoharu* neexistuje žádná základní či úvodní práce o kabale. Ty knihy, které jsou dostupné, však obsahují jen nejasné a mlhavé narážky. Po Rašbim bylo dovoleno odhalit další část kabaly pouze Arimu. Přestože kabalisté, kteří žili před ním, znali nejspíše mnohem více než on sám, nedostali povolení shora.

To, že se jedná o **Stvořitelovo osobní tajemství**, znamená, že kabalistické texty jsou odhaleny pouze těm, kteří jsou Stvořiteli zcela oddáni a chovají Ho v úctě. Toto je ze všech podmínek, proč zatajovat kabalu, podmínka nejdůležitější. Spousta podvodníků se zaštiťovala kabalou, ale sledovala jen svůj vlastní prospěch. Podvedli tak mnoho prostých lidí, kteří doufali, že budou znát budoucnost, že budou ochráněni před démony a že předejdou uhranutí. A předváděli jim i spoustu jiných „zázraků", které nebyly nic jiného než pouťový trik.

Kabala byla původně skryta jen kvůli tomu. Kabalisté proto své žáky v průběhu věků podrobovali složitým zkouškám. To ostatně vysvětluje i to, proč i těch pár lidí, kteří měli možnost v rozličných generacích studovat kabalu, bylo vázáno přísahou neodhalit ani nejmenší detail nauky.

Neměli bychom si nicméně myslet, že tyto tři zákazy rozdělují kabalu na tři části. Je tomu naopak: každá část, slovo, idea a definice spadá v kabale pod tyto tři zákazy odhalování významu.

Nabízí se proto otázka: pokud byla tato tajná nauka tak důkladně skryta, jak je možné, že existuje tolik kabalistických knih? Odpověď je jednoduchá: první dva zákazy se odlišují od třetího, protože třetí je z nich všech ten nejdůležitější. První dva zákazy jsou však stále platné, a proto se v závislosti na společenských podmínkách podmínění často mění, změnilo se **není nutné nic zveřejňovat** na **je naprosto nezbytné publikovat**. Díky postupnému vývoji lidstva a díky povolení shora (jako například v případě Ariho, Rašbiho a do menší míry i u jiných kabalistů) se začaly postupně objevovat knihy o opravdové kabale.

13.

KLÍČOVÉ POJMY

Kabala je postupné odhalení Stvořitele stvořeným bytostem tohoto světa. Slovo kabala je odvozeno od *lekabel* (přijmout). Cílem těch, kdo žijí na tomto světě, je přijmout veškeré dobro, kvůli kterému vzniklo celé stvoření.

Vnímání druhých se rozvinulo pouze u člověka. Obdařuje nás závistí, empatií, hanbou a touhou po duchovním vzestupu. Schopnost vnímat druhé nám byla dána, abychom si měli jak uvědomit Stvořitele.

Vnímání Stvořitele znamená, že každý z nás cítí Stvořitele úplně stejným způsobem, jako vnímáme své bližní. O Mojžíšovi je řečeno, že se Stvořitelem mluvil „tváří v tvář". To znamená, že ho zcela a úplně vnímal, až na hranici samého kontaktu s Ním – totiž že Ho vnímal jako přítele.

Důsledek činu je dán původním záměrem – tak jako si člověk, který staví dům, nejprve nakreslí plán, tak jsou všechny lidské činy předem určeny cílem, k němuž směřují.

Po objasnění konečného cíle stvoření si uvědomíme, že stvoření a způsoby, jakým je ovládáno, odpovídají tomuto konečnému cíli. Smysl řízení je jen v tom, že pomáhá lidstvu v postupném rozvoji až do chvíle, kdy cítíme, že Stvořitel je tady s námi, jako ostatní bytosti.

Shora dolů je cesta, jakou je dosahováno duchovních skutečností. Jinými slovy je to náš vývoj až do chvíle, kdy můžeme vnímat druhé stejně, jako vnímáme sebe; do chvíle, kdy můžeme duchovní předměty vnímat tak, jako cítíme hmotné předměty; takto pokračujeme, až tímto způsobem vnímáme samotného Stvořitele. Je to Jeho postup, jak dosáhnout cíle. Tato cesta již existuje a jak odhalujeme vyšší úrovně, získáváme také úplné informace o nižších rovinách.

Zdola nahoru je postup stvoření obou světů: duchovního i hmotného.

Dodržování duchovních zákonů stvoření: Záměr a vůle dosáhnout smyslu stvoření se stává prostředkem dosažení duchovní dokonalosti.

Etapy v kabale: Od počátku stvoření až do zničení Druhého Chrámu kabalisté studovali kabalu „otevřeně". Všechny duchovní síly byly v našem světě mnohem hmatatelnější a náš kontakt s duchovním byl mnohem těsnější a důležitější, což bylo významné především pro Chrám a tamní bohoslužby.

Jak však lidstvo morálně upadalo, přestali jsme být hodni (protože se nám změnili vlastnosti) a ztratili jsme svou schopnost vnímat druhé světy. Proto byl Chrám zničen a začalo období exilu. Kabalisté tehdy pokračovali ve studiu kabaly v tajnosti a vynasnažili se, aby kabala byla nepřístupná „nehodným".

V *Zoharu* je psáno, že Stvořitelovým přáním bylo skrýt svou moudrost před světem, ale jakmile se svět přiblíží k času Mesiáše, stane se, že i malým dětem budou jasná tajemství vesmíru. Lidi budou schopni předvídat budoucnost a v tom čase se nám všem dá poznat Stvořitel.

Rašbi byl posledním kabalistou v předexilním období; proto dostal shora povolení napsat *Zohar*.

Po téměř patnáct století, dokud se neobjevil Ari (rabi Izák Luria) a nedosáhl všech tajemství, byla kabala zakázaná. Ve svých textech nám zanechal odkaz týkající se *Zoharu:* „…v 600 letech šestého milénia se zdroje moudrosti nahoře otevřou a vylijí se dolů."

V jednom ze starých manuskriptů našel kabalista Abraham Azulaj (16.–17. století n. l.), že „od roku 5 300 (1 539 n. l.) od stvoření bude každému, dospělému i dítěti, dovoleno studovat kabalu a jen kvůli tomu přijde Mesiáš."

Znamením, že žijeme na konci věků, je objevení se kabalisty Jehudy Ašlaga (Baal HaSulam), který vysvětlil celou kabalu jasným a přístupným jazykem, kterému naše duše rozumí.

Kabala je unikátní, protože obsahuje úplné vědění o našem světě (čili obsahuje všechny vědy) a složkách, protože studuje kořeny, které ovládají náš svět a ze kterých náš svět pochází.

Duše je „já", které vnímáme každý. Při bližším zkoumání zjistíme, že se duše rozděluje na životní energii našeho těla a na duši duchovní, která lne k duchovnímu a která v nevyvinutých lidech neexistuje.

Hmotné tělo a živá duše jsou výsledky činnosti tohoto světa. Rozvojem duchovní duše získáváme schopnost cítit za naše „já". To se stane ve chvíli, kdy se spirituální altruistické „já" vynoří z popření egoistického „já". Tím začínáme vnímat duchovní vibrace až do chvíle, kdy se duše plně rozvine.

Vnitřní podstata kabaly je bádání nad stvořitelovým Světlem, které z Něj vyzařuje a plyne podle určitých zákonů směrem k nám.

Zákon kořene a větví je zákonem, podle kterého fungují síly pohánějící tento svět. V kabale se říká: „Není na zemi zrnka, aby nad sebou nemělo anděla, který jej bije a žene ho slovy: Koukej růst!" **Jazyk větví** pomáhá odhalit informace o tom, co se děje v jiných světech. Bytosti obývající určitou sféru vnímají v daném světě všechno jsoucí podobně. Díky tomu si mohou navzájem vyměňovat informace pomocí svého vlastního jazyka. Člověk může použitím tohoto jazyka informovat ostatní o tom, co se děje v jiných sférách a jak se tyto činy projeví na předmětech v našem světě. Tímto jazykem byla napsána i Tóra.

Všechny světy si jsou navzájem podobné; jediný rozdíl je v látce, z níž jsou utkány. Čím vyšší je svět, tím „čistší" je jeho látka. Ale zákony formy jsou všude stejné a každý svět je replikou předchozího.

Stvořené bytosti, obývající nějaký svět, mohou vnímat pouze to, co je uvnitř jeho hranic, neboť smyslové orgány jsou naučeny vnímat jen látku toho kterého světa. Jen lidé mohou dosáhnout všech úrovní zároveň.

Dosažené úrovně jsou po sobě jdoucími stupni zdokonalujícího se vnímání Stvořitele. Vypadá to, jakoby tvořily žebřík, který vede z našeho světa do duchovních světů. Nejnižší příčka tohoto žebříku je *machsom*, což znamená bariéra. Skrývá nám všechny duchovní síly tak dokonale, že o nich nemáme žádné povědomí. Proto se snažíme najít zdroj a smysl života v tomto světě.

Světlo duchovních světů: Informace, pocity a potěšení jsou předávány rozpínáním a stahováním duchovní síly, zvané „Světlo" (v analogii se světlem, jež dává život a teplo v našem světě nebo se světlem myšlenky, jasnosti a osvícení).

Právo existovat: Vše v našem světě, ať dobré nebo špatné, nebo úplně to nejhorší má právo existovat. Je nám dána možnost napravovat a zlepšovat, přičemž v našem světě není nic zbytečně. Vše bylo vytvořeno pro dobro lidstva. Tím, jak se napravujeme, neutralizujeme zhoubné vlivy.

Náprava: Stvořitel nedokončil stvoření našeho světa; úkol jeho dokončení a zdokonalení leží na nás. Vidíme náš svět jako plod, který je během zrání stále hořký, ale naším úkolem je opečovávat ho a nechat ho dozrát do sladkosti.

Dvě cesty nápravy:
Cesta Světla, čili cesta přijetí duchovních zákonů. Ze Stvořitelova úhlu pohledu je tato cesta lepší, protože jeho vůlí bylo nám dělat dobře v každém okamžiku naší existence. Proto bychom neměli okoušet hořké ovoce.
Cesta utrpení, čili neustálé zkoušení projít stylem pokus-omyl celým šestitisíciletým obdobím. Lidstvo cítí potřebu dodržování zákonů jedním nebo druhým způsobem.
Odměna je potěšení (chuť zralého ovoce). Můžeme ovlivňovat jen sami sebe, nic kolem nás. Proto se náprava může odehrát, jen pokud pracujeme sami na sobě.
Kabalista je jakýkoliv člověk v našem světě, který dosáhl úplného ztotožnění se Stvořitelem. Studiem a dodržováním duchovních zákonů se duchovně rozvíjíme až do chvíle, kdy se stáváme částí duchovních světů.

Dosažení něčeho přichází až po té, co jsme na svém sebezdokonalování pracovali pomocí studia podstaty a vlastností duchovního světa. Nebavíme se zde o pocitech, fantaziích nebo autosugesci. Myslíme tím opravdový vzestup do světa, který je tvořen jemnější látkou, než náš svět, a který je mimo veškeré naše psychické možnosti.

Potěšení můžeme cítit, pouze pokud je dostupná touha a úsilí. Touha může existovat, pouze pokud známe to, po čem toužíme. Úsilí o předmět touhy je možné, jen pokud není v daném momentě přítomno potěšení. Člověk, který nebyl propuštěn z vězení, se ze svobody neraduje tolik, jako propuštěný a pouze nemocný člověk dokáže ocenit zdraví. Touhy i sílu je plnit získáváme přímo od Stvořitele.

Jedinou vytvořenou věcí je nedostatek, který ve Stvořiteli chybí. Čím vyvinutější člověk je, tím pronikavěji bude tento pocit zažívat. Tento nedostatek je v prostých lidech a dětech značně omezen, ale pravá lidská bytost chce celý svět. Moudrý však nechce jen tento svět, ale chce i ostatní světy. Všechny.

Kombinace touhy a úsilí je v kabale nazýváno *kli* (nádoba). Samotné potěšení zvané *Or* (světlo) vyzařuje od Stvořitele.

Vnímání potěšení: Nádoba cítí vstup Světla tak, jak moc si jsou vlastnosti Světla a nádoby podobné. Čím podobnější, tím více nádoba miluje a tím menší je její vůle přijímat. Čím blíže je nádoba Světlu, tím více Světla cítí.

Existence v duchovních světech: Naše schopnost cítit nebo necítit Stvořitele (Světlo) závisí pouze na naší blízkosti k Němu, založené na shodě našich a Jeho vlastností. Každý z nás je totiž nádobou. Dokud má nádoba i tu nejmenší touhu žít pro druhé, dokud přehlíží své vlastní potřeby, existuje v duchovních světech a její vlastnosti určují, který z nich bude obývat.

Rozpoznání zla: Když nádoba postrádá vůli starat se o druhé, vidí se v tomto světě. Taková nádoba se nazývá „tělo". Jeho jediným přáním je postarat se sám o sebe. Nemůžeme si dokonce ani představit jedinou věc, kterou bychom chtěli udělat pro druhé jen proto, aby měli radost. Podrobením se principu „rozpoznávání zlého" – čili pečlivému a přísnému sebezpytování – můžeme odhalit svou schopnost pracovat pro druhé.

Dokonalost nádoby: Nádoba je vytvořena takovým způsobem, že obsahuje všechny touhy po všech potěšeních, které ve Světle jsou. Kvůli omezení a rozbití nádob byl zformován určitý počet oddělených nádob. Každá z nich se pohybuje z jednoho stavu do druhého, což vede k rozdělení (smrti).

Zatímco žijeme v tomto světě, každý musí připodobnit vlastnosti své nádoby Světlu, obdržet odpovídající množství Světla a sjednotit se s ostatními a vytvořit jednu, Světlem (potěšením) zcela naplněnou nádobu. Tento stav na konci časů se nazývá *gmar tikun* (dokončení nápravy).

Vstup Světla do nádoby: Rozdíly mezi lidmi jsou založeny na intenzitě jejich tužeb. Zákaz vraždy a duševního nátlaku je celkem jasný. V materiálních nádobách (lidských bytostech) se studiem duchovních nádob vyvíjí touha být stejné jako duchovní vzory. Jelikož v duchovním světě touha představuje čin, postupně se přeměňujeme a dovolujeme Světlu vstoupit do našich nádob. Zatímco je Světlo v nádobě, očišťuje ji a skrze toto očišťování Světlo postupně zlepšuje vlastnosti nádoby.

První omezení (*cimcum alef*) je přísaha, kterou se zavázala první, společná nádoba ihned po svém objevení se. Znamená to, že přestože je Stvořitelovou touhou naplňovat nádobu potěšením, ona sama na sebe uvalila podmínku, že se nebude těšit sama pro sebe, ale pouze pro Stvořitele.

Tím se změnilo myšlení, nikoliv samotný akt. To znamená, že nádoba Světlo přijímá ne proto, že to chce, ale protože to chce Stvořitel. Naším cílem by proto mělo být naplnit vůli přijímat a přát si potěšení tak jako Stvořitel.

Vnímání je vlastnost, která se projevuje jako reakce na nepřítomnost nebo přítomnost Světla, a to dokonce i pokud se jedná o nekonečně malou dávku Světla. Život se v zásadě skládá z cyklů vnímání. Obvykle nám nezáleží na tom, co si užíváme, ale bez užívání si nemůžeme žít. Uznání a sláva nám poskytují dobrý pocit, ale potěšení je pro nás tak důležité!

Náš psychický stav vždy záleží na náladě a pocitech našeho okolí. Žádný z našich pocitů není výsledkem našeho vnitřního života ani vlivu okolí, protože jejich zdrojem je Stvořitel, neboť naše pocity jsou výsledkem přítomnosti nebo nepřítomnosti Světla.

Vnímáme buď sebe, nebo Stvořitele, nebo obojí v závislosti na našem morálním stavu. Zatímco cítíme pouze sebe, nezbývá nám, než věřit, že Stvořitel existuje. Skutečnost, že sebe sama vnímáme jako nezávislá stvoření a že věříme, že existujeme jen my, je výsledkem naší odlišnosti od Stvořitele a toho, že jsme Mu vzdáleni.

Záměr (*kavana*) je to nejdůležitější v každém činu, protože v duchovním světě je myšlenka akcí. Podobně je v našem světě ten, kdo druhého zraní nožem se záměrem mu ublížit, odsouzen, zatímco ten, kdo druhého řízne nožem, protože ho chce léčit – například během operace – je odměněn.

Kdyby byl člověk souzen podle duchovních zákonů, pak by byl odsouzen za každou zlou myšlenku. Je třeba si uvědomit, že přesně to se v duchovním světě děje.

Naše nálada a zdraví se odvíjejí od našich úmyslů, nezáleží tedy na druhu a náročnosti našeho zaměstnání nebo našem finančním stavu. Je třeba vědět, že i když můžeme ovládat naše fyzické činy, své pocity jsme schopni ovládnou jen skrze duchovní svět.

Právě z toho důvodu je modlitba tak důležitá. Představuje totiž prosbu (a to dokonce i beze slov, vycházející ze srdce) ke zdroji všeho existujícího, ke Stvořiteli, pro kterého jsou všechny bytosti sobě rovné.

14.

NEJČASTĚJI KLADENÉ OTÁZKY

Otázka: Čím se kabala zabývá?

Lidstvo od počátku věků hledalo odpovědi na základní existenční otázky: Kdo jsem? Co je smyslem mého života? Proč existuje svět? Je život po smrti?

Každý člověk se snaží na tyto otázky nalézt odpovědi na základě informací, které má k dispozici. Každý z nás rozvíjí svůj vlastní světonázor, který je určen především tím, co se jeví nejpravděpodobnější.

Otázka smyslu života zvyšuje každodenní utrpení a celosvětové znepokojení. Proč ale trpím? Tato otázka nás nenechává klidnými, a to ani jsou-li naše základní potřeby uspokojeny.

Dokonce i když se ohlédneme zpět, cítíme znepokojení. Vidíme totiž, kolik času jsme strávili snahou uspokojit svou touhu, a také jak málo jsme zažili potěšení.

Protože na výše uvedené otázky neexistují odpovědi, lidé se obrací k prastarým vírám. Meditace, fyzická a psychologická cvičení nám pomáhají cítit se lépe. Nejedná se však o nic lepšího, než pouhou snahu zapomenout, protože naše touhy zůstávají neuspokojeny a smysl života je stále neodhalen. Všechny náhradní metody nás jen konejší. Neposkytují nám odpovědi na otázku smyslu života a významu utrpení, ale pomáhají nám zmenšovat naše požadavky.

Avšak brzy zjistíme, že pravda nemůže být ignorována. Lidstvo pro svou existenci neustále hledá logické zdůvodnění. Kvůli tomu se po tisíciletí věnuje studiu přírody.

Moderní vědci vědí, že čím dál ve svém výzkumu postoupí, tím komplikovanější a nejasnější obraz světa získají. Moderní vědecké knihy mnohdy připomínají sci-fi a nebo knihy o mystice, ale hlavně selhávají v odpovídání na otázku po smyslu života.

Kabalistická nauka má na zkoumání světa svou metodu. Ta nám pomáhá vytvořit si schopnost vnímat utajenou část vesmíru. Kabalisté nás učí techniku založenou na svých vlastních zkušenostech. Ve svých knihách popisují způsob, jak zkoumat vesmír a ukazují nám, jak na otázku po smyslu života nalézt odpověď.

Otázka: Proč se kabala nazývá „tajnou vědou"?
Kabala je člověku ze všech věd nejblíže, protože rozebírá smysl života, proč se rodíme a také proč žijeme. Kabala tedy vysvětluje smysl života, odkud jsme přišli a kam jdeme, když se náš pozemský čas naplní. Kabalisté odpovědi na tyto otázky znají už během svého života v tomto světě. Studium kabaly poskytuje znalosti o duchovních světech a rozvíjí šestý smysl, kterým vnímáme světy za světem. Právě tímto smyslem člověk vnímá skryté universum. Ačkoliv skrytá, stále dosažitelná část vesmíru nám dává odpovědi na všechny otázky, které máme. Není nic, co by nám bylo bližší a důležitější, než toto poznání, protože nás učí o nás samotných, o světě, v němž žijeme, a o našem vlastním osudu.

Vše, co se o sobě a o světě naučíme, můžeme odhalit sami v sobě. To vše se může stát jen pokud jsou naše vjemy a naše znalosti skryty před ostatními, což je i důvod, proč je kabala nazývána „vědou o skrytém".

Otázka: Kdo je kabalista?
Kabalista je člověk, který navenek vypadá jako kdokoliv jiný. Kabalista nemusí být chytrý, ani vzdělaný. Z jeho vzezření se nedá nic poznat. Je to obyčejný člověk, který skrze studium kabaly získal „šestý smysl", čili schopnost vnímat skryté části světa. To je skryto obyčejným lidem, kteří se o tom vyjadřují jako o „duchovním světě". Kabalista může díky tomuto smyslu vnímat celé universum, vidět jak náš, tak duchovní svět jako hmatatelnou realitu. Bude duchovní skutečnosti vnímat stejně, jako my vnímáme naši materiální realitu.

Kabalista cítí Vyšší svět a dokáže jej přímo dosáhnout. Říkáme mu „Vyšší svět", protože existuje mimo naše běžné vnímání. Kabalisté vědí, že vše sestupuje z Vyššího světa do našeho. Znají všechny příčiny a následky, protože je již poznali jak ve Vyšším, tak i v našem světě.

Běžný člověk vnímá pouze střípek z vesmíru kolem nás a tento střípek nazývá „náš svět". Kabalista ale vnímá celé universum.

Kabalisté své znalosti zaznamenali do knih napsaných zvláštním jazykem. Proto je možné tyto knihy studovat jen pod vedením kabalisty a jeho výukových metod. Díky tomu se pak z knih stávají nástroje poznání skutečnosti.

Otázka: Proč je tak důležité zabývat se kabalou?
Každý člověk má možnost rozvinout svůj šestý smysl. Kabalisté své knihy píší pod přímým vlivem duchovních světů. Čtením těchto knih na sebe čtenář upoutává obklopující Světlo, a to dokonce i když nerozumí všemu, co je v oněch knihách napsáno.

Zatímco studujeme, přitahujeme k sobě toto Světlo, které nám postupně odhaluje celou skutečnost. Tento šestý, či duchovní smysl, kterým můžeme vnímat celý vesmír, máme všichni. Nazývá se „bod (či místo) v srdci". Pouze obklopující Světlo je schopno jej naplnit. Světlo se nazývá obklopující, protože než je schopno šestý smysl naplnit, obklopuje ho.

Tento bod, embryo šestého smyslu se rozšiřuje a postupně získává dostatečnou kapacitu, aby pustil obklopující Světlo dovnitř. Vstup Světla do bodu v srdci dává studentovi schopnost vnímat neznámé, duchovní a božské. Jak Světlo vstoupí do bodu, začneme vnímat lepší a jasnější obraz Vyššího světa a jsme schopni vidět naši minulost a budoucnost.

V *Úvodu ke studiu deseti sefirot* je v odstavci 155 napsáno: „Proč kabalisté chtějí, aby všichni studovali kabalu? Protože i když studují to, čemu nerozumí, díky své touze porozumět studované látce v sobě probouzejí Světlo, které obklopuje jejich duše. To znamená, že každý má možnost dosáhnout všeho, co pro nás Stvořitel připravil. Tomu, kdo toho nedosáhne v tomto životě, bude dána další šance v příštím životě. Dokud se člověk nestane schopným přijmout Světlo do sebe, bude Světlo zářit dál venku a čekat, až v sobě člověk probudí schopnost jej vnímat."

Když studujeme kabalu, obklopující Světlo nás okamžitě osvítí, aniž by vstupovalo do našich duší, protože šestý smysl ještě nebyl vyvinut. Světlo, které během svých studií do sebe vstřebáváme, nás však očišťuje a připravuje na jeho přijetí. Přijetí Světla dává absolutní poznání, klid a schopnost vnímat pocit nesmrtelnosti.

Otázka: Jak jsou kabalistické informace sdělovány?
Kabalisté předávali své znalosti o Vyšším světě jak ústní tradicí, tak písemně. Kabala se objevila v Mezopotámii v 18. století př. n. l. Dosažené poznání bylo posléze vyloženo v *Knize stvoření* (Sefer Jecira), jejímž autorem je Abraham. Tuto knihu si můžete i dnes pořídit v knihkupectvích. Kabalisté každé generace psali své knihy pro duše své generace. Během staletí se v kabale objevilo několik jazyků, protože se vývoj lidské duše děje postupně. Postupným vývojem generací se do tohoto světa vtělují stále méně vyvinuté duše, které však již mají zkušenost z předchozích životů. Přinášejí si s sebou břímě utrpení, ale také s sebou nesou svůj duchovní „kufr": přestože je tato informace před jednotlivcem skryta, nosí ji ve svém bodu v srdci.

Proto je pro každou generaci nezbytné, chce-li pochopit kabalu, aby měla svůj jazyk vhodný pro sestupující duše. Tím, že sestupují do našeho světa a žijí v nových tělech, se tyto duše vyvíjejí a uvědomují si nutnost duchovního růstu, čímž dosahují absolutního poznání, věčnosti a dokonalosti.

Otázka: Jak dlouho trvá, než člověk začne vnímat duchovní svět?
V *Úvodu ke studiu deseti sefirot* je psáno, že člověk, který studuje správné zdroje poznání, může dosáhnout duchovního světa za tři až pět let. Čili pokud studujeme se správným záměrem, překročíme bariéru dvou světů – tohoto a duchovního – a dosáhneme Vyššího světa.

O BNEJ BARUCH

Bnej Baruch je nezisková organizace, jejímž cílem je šířit kabalistickou moudrost, aby tak podpořila duchovní rozvoj lidstva. Kabalista rav Michael Laitman, PhD, který byl žákem a osobním asistentem rabína Barucha Ašlaga, syna rabína Jehudy Ašlaga (autora komentáře *Sulam* ke knize *Zohar*) následuje cestu svého učitele ve vedení skupin k jejich cíli.

Laitmanova vědecká metoda poskytuje jednotlivcům všech vyznání, náboženství a kultur precizní nástroj k zjednodušení beztak náročné cesty sebepoznávání a duchovního vzestupu. S ohledem na vnitřní procesy, kterými jednotlivec na své cestě prochází, Bnej Baruch nabízí všem lidem všech věkových kategorií a životních stylů pomoc v jejich duchovním postupu.

V minulých letech se ve světě objevila masová touha po odpovědi na otázku po smyslu života. Společnost ztratila svou schopnost vnímat realitu, kterou nahradily nejrůznější nesmyslné koncepty a představy. Bnej Baruch oslovuje všechny, kteří hledají znalosti ležící mimo standardní hranice, lidi, jež hledají opravdové porozumění, proč jsme tady.

Bnej Baruch nabízí vedení a funkční způsoby chápání světových událostí. Původní učební metody, vyvinuté rabínem Jehudou Ašlagem, nejenže pomáhají překonat všechny zkoušky a svody každodenního života, ale pomáhají nastartovat proces, v němž jednotlivec dokáže překročit všechny své hranice a omezení.

Rabi Jehuda Ašlag zanechal svou učební metodu této generaci, které v podstatě vychovává jedince k tomu, aby se chovali jako by již dosáhli dokonalosti Vyššího světa, byť jsou stále v tomto hmotném světě. Slovy rabína Ašlaga je „tato metoda praktickým způsobem, jak dosáhnout Vyššího světa, zdroje naší existence, zatímco žijeme v tomto světě".

Kabalista je badatel, jenž studuje svou podstatu za použití této ověřené, časem ozkoušené a přesné metody. Skrze tento postup se stává dokonalým a dokáže ovládat svůj život a naplnit cíl života. Tak jako člověk nemůže bez znalosti tohoto světa v tomto světě pořádně fungovat, nemůže ani duše pořádně fungovat ve Vyšším světě bez toho, aby jej znala. Kabalistická moudrost tuto znalost poskytuje.

JAK KONTAKTOVAT BNEJ BARUCH

Studijní skupina BNEJ BARUCH Praha, Česká republika
e-mail: kabbalahcz@gmail.com

další odkazy:
www.kabbalah.info/cz
www.laitman.cz

www.ingramcontent.com/pod-product-compliance
Lightning Source LLC
LaVergne TN
LVHW012000070526
838202LV00054B/4984